民国书刊上的西南联大记忆

八千里路云和月

——长沙临时大学播迁记

龙美光◎编

云南出版集团
云南人民出版社

图书在版编目（CIP）数据

八千里路云和月：长沙临时大学播迁记 / 龙美光编
. -- 昆明：云南人民出版社，2018.12
（民国书刊上的西南联大记忆）
ISBN 978-7-222-17698-0

Ⅰ. ①八… Ⅱ. ①龙… Ⅲ. ①西南联合大学－校史
Ⅳ. ① G649.287.41

中国版本图书馆 CIP 数据核字 (2018) 第 262424 号

出 版 人　赵石定
责任编辑　张力山
装帧设计　马　滨
责任校对　陈　晖
责任印制　李寒东

八千里路云和月——长沙临时大学播迁记
龙美光　编

出　版　云南出版集团　云南人民出版社
发　行　云南人民出版社
社　址　昆明市环城西路609号
邮　编　650034
网　址　www.ynpph.com.cn
E-mail　ynrms@sina.com
开　本　889mm×1194mm　1/32
印　张　7.75
字　数　210千
版　次　2018年12月第1版第1次印刷
印　刷　昆明理煋印务有限公司
书　号　ISBN 978-7-222-17698-0
定　价　46.00元

云南人民出版社公众微信号

如需购买图书、反馈意见，请与我社联系
总编室：0871-64109126　发行部：0871-64108507
审校部：0871-64164626　印制部：0871-64191534

编者絮语

龙美光

编完“民国书刊上的西南联大记忆”文丛，长长地舒了一口气。这是十五六年来我搜集西南联大文献资料的阶段性成果。

“北清南合，联大花开。”在中华民族八年全民抗战的征途中，联大已成为文化抗战的璀璨星辰。土坯墙的茅草屋内和铁皮顶下，联大人精研学术，读书救国，空前绝后的艰苦环境并未磨灭他们的心志，反而使他们越发奋起，并加速了各项伟大成就的开创。他们说：“只要读书救国好，哪妨菜坏吃不了？”在抗战号角声中，她的诞生与成长，就是如火如荼的全民抗战伟业的生动反映。

美国学者易社强指出，联大的遗产是属于中国的，也是属于全人类的。近年来，美国、日本等国均相继出版了研究专著。在国内，联大也越来越被各界所认同所钦慕，各类文著层出不穷。

不过，需要正视的是，联大的研究更有赖于文献资料的支撑。自联大于长沙肇始以降，已出版的联大时期文献仅有1939年出版的《西南三千五百里》（日记集）、1946年出版的《西南采风录》（歌谣集）、1946年出版的《联大八年》（征文集）、1998年出版的《国立西南联合大学史料》六卷本（档案集），以及2018年出版的《郑天挺西南联大日记》（日记集）等，其他已问世的多为数十年后的回忆与研究。上列诸书，仅有印制恶劣的《联大八年》是联大时期回忆文集，我十几年前得到该书时，就急切地想要为其编一套姊妹书，收录其时在书、报、刊发表过而后未曾在联大专书中露面的一些文字，使人们更深层次地了解联大。随着资料搜集进程的推进，这一梦想如今终于变为现实。

这套文丛中的文字，都是在抗战艰苦异常的环境下联大师生和社会各界人士的真实见闻和真情感知。文丛的近400篇文章，全部采自民国时期付印的数百种书、报、刊，作者群星灿烂，角度各异，内容繁杂，涉及面广，最大限度地忠实保存了联大本真状态，将使所有关注、热爱联大的读者对联大的研究和认识更深入透彻，有助于人们走近走进、研究探讨和学习实践联大文化，更好地弘扬中华优秀传统文化，继承中华文化精髓。

较《联大八年》而言，本文丛收录的文章时间跨度更大，涉及面更广，视角更全面，现场感更强，可读性更佳。文丛体裁多样，以回忆录、信件、日记、评论、报告文学、新闻通讯、诗词等，从不同侧面、不同角度彰显揭示了联大的办学历程和办学精神。编者将这些生动反映联大的文字，依其内容，大略别为九册。其中：

——抗战烽火，学府西迁。《八千里路云和月——长沙临时大学播迁记》载录了全面抗战爆发后，长沙临时大学建校的历程，及其后长沙临大辗转迁徙昆明改称西南联大的历史记忆，翻启联大不可磨灭的史册开篇。

——笳吹不绝，弦歌不辍。《笳吹弦诵在山城——西南联大学术风景线》呈现了联大身处边城，在艰难困苦中坚持学术，弘扬文化，形成联大学府异常活跃的学术风景线。

——爱国阵地，青运先锋。《我以我血荐轩辕——西南联大爱国运动纪》透过团体活动看联大，从不同侧面展示联大的壁报、社团等活动，是联大爱国运动的缩影。

——九州遍洒，黎元热血。《一寸山河一寸血——西南联大抗战救亡曲》反映了联大师生在烽火警报声中，心系家国存亡，积极投身抗日洪流，以投笔从戎等多种形式，谱写的慷慨激昂可歌可泣的抗战救亡曲。

——身处西南，动心忍性。《布东考古布西算——西南联大师生众生相》再现了联大师生克服居无定所、物价暴涨、空袭频仍等穷窘考验，直面生活，致力学术的不屈不挠精神。

——绝徼移栽，问学树人。《绝徼移栽桢干质——西南联大问学拉杂谭》实录了联大作为我国最高学府的联合体，移驻云岭，以学术救国的时代担当，顶天立地，攻坚克难，成为社会文化引领者的风貌。

——导扬文化，壮怀难折。《南渡流难寄山河——西南联大服务边疆志》记叙了联大师生立足云南，脚踏红土，心系山河，深入西部进行社会、人文、自然考察，投身边疆开发的情形。

——中兴大业，更须人杰。《五色交辉聚人杰——西南联大人物风采录》彰显了联大以“大学者，有大师之谓”的恢宏气魄，展现了一代名流巨擘的英才风采谱。

——斯文一脉，如山如海。《刚毅坚卓未央歌——西南联大精神漫笔集》颂赞了联大以三校“不同之历史，各异之学风，八年之久，合作无间，同无妒异，异不害同，五色交辉，相得益彰”的办学气质所铸就“刚毅坚卓”的风骨。

以上九册，虽各有侧重，然而又相互联结渗透，相互渲染补遗，美美相成。无疑，这是一部雄浑壮丽的西南联大纸上纪录片。

为使读者更真切地进入当年的语言环境和文化环境，除了对明显的错讹进行修订外，编者尽可能尊重原文风貌，一律不作改动。例如“那”（哪）、“底”（的）、“化”（花）之类民国时期遣词用字，以至其标点符号，便一仍其旧。

囿于时代局限，有些文章存在对少数民族的蔑称（如“夷人”“罗罗”“倮倮”“苗子”等），以及对少数民族风俗习惯的误读讹传（如知识落后、手段野蛮等），但这也是当时社会历史的真实写照，为了有助于民族史社会史研究者，多未作更动。文丛也容纳对联大的各种批评甚而误解，这些不同的声音，恰恰反映了联大包容万象的一面。

有人说抗战时期最有效率的两个机构，一是西南联大，一是速记学校。而这套文丛的编辑却历经七年才告完成，相较联大真是效率颇低，甚感惭愧。文丛编辑之初我新婚的妻子刘仁芳参与录入大量文字，时小儿龙景湘正于母腹中孕育，如今孩子已在迈向小学新生的路上，九本小书才呱呱坠地。文丛编竣付梓，似乎自己也置身联大之中，与师生们一起在警报声中抢时间、抢洗脸水、抢饭菜、抢书籍、抢座位、抢听讲演、抢出壁报、抢泡茶馆，与他们一起创造无与伦比的西南联大故事。

文丛的编辑出版，得到了云南师范大学和云南人民出版社的鼎力支持。成书过程中，西南联大研究专家，有关方面的师友、同事、学生，以及云南大学秦树才教授团队助力编校工作，使得此书能够顺利付梓。谨此一并致谢！

文丛自2011年启动编辑工作起，即通过微博等多种方式查找书中作者的联系方式，但至今为止，有关的信息反馈寥寥。在此特别拜托文丛的有关作者及其亲属与编者联系。

当然，有关西南联大的战时文字不止这九册的规模。不算西南联大师生在战时撰写的著作、文论、报告等等，单就讲述西南联大故事的文字而言，笔者手中尚有十数万字未及整理，其后或有增补或续编，敬请读者诸君期待。由于编者水平所限，加之许多民国文献印刷模糊难辨，缺点错误在所难免，祈望学界同仁和广大读者不吝赐教！

二〇一二年七月，写于昆北盘龙江畔
二〇一六年六月，改于西南联大旧址
二〇一八年十一月，定稿于云南师大呈贡校区

目　录

// 北大在长沙

杨振声

战争当是文化的转捩点，它毁灭了旧的，同时也就给了一种创新的机会。这只看你能不能利用那机会；机会稍纵即逝，而创新又常是一件艰辛的工作。

在七七事变以后，北大、清华、南开三大学，离开了晴空丽日的北方与平津的优越环境，赤手空拳的跑到卑湿的长沙去办临时大学。这是一个剧变，一个试验，试验他们能不能适应新环境与创造新纪录。

合北大、清华、南开三校在长沙设立临时大学，七七事变后，此议即酝酿于南京，二十六年八月间在南京成立临时大学筹备委员会。除三校校长为当然委员外，每校各加一人，北大为胡适，清华顾毓琇，南开何廉。此外有傅斯年、皮宗石（当时湖南大学校长）、朱经农（当时湖南教育厅长）为委员。又以教育部部长王世杰为主任委员，教育部次长周炳琳为主任秘书。我是事变后八月二十六日到的南京。因为周炳琳先生当时不得脱身去长沙，我与清华北大都有渊源，南开也多朋友，才把我代替了他。于是我以筹备委员的资格于九月初与梅月涵先生到了长沙，我们也是最初负筹备责任的人。

二十六年九月十三日筹委员在长沙举行第一次会议，许多委员仍未能到会。九月二十左右蒋梦麟先生与三校同人陆续到达。筹备的工作渐渐开展。九月二十八日开始启用国立长沙临时大学关防。校务也由三校校长及主任秘书所组织之常务委员会负责。

当时最巧的是长沙圣经书院停办，我们就租借了那整个的学校，教室、宿舍、家具俱全，还有一个大礼堂的地下室，就是我们临时的防空洞。

我们都各得其所的恢复了学生生活，住在每人一间小房的学生宿舍里，天冷后大家还围着长沙特有小火缸煮茶谈天。到时围住大饭桌吃包饭，大家都欣赏长沙的肥青菜，嫩豆腐，四角一个的大角鱼、一毛多一斤的肥猪肉。

大家自动的要求吃苦，要求缩减。于是在一次常委会中，决议薪水打七折支给。又公推蒋梦麟先生兼总务长，梅贻琦先生兼教务长，张伯苓先生兼建设长。后来蒋先生成天算账，累出胃病来，才让旁人帮他的忙。

至于课程方面亦多整理。三校院系颇多，加以归并者：如历史社会学合为一系，哲学心理教育合为一系，地理气象亦合为一系。共设四院（文、理、工、法商）十七系。

最困难的是图书仪器的设备。图书方面适逢中央研究院史语所的书籍迁长沙，我们便把地下室借让他们藏书，同时便与之订立图书借用办法。北平图书馆也迁来长沙，我们便把办公室让出一间作他们的办公室，也与之订立图书合作办法。又于十月十八日议决在邻近的孤儿院与涵德女中的空地上，建筑化学实验室及物理修械室。又买了几套中央研究院物理研究所造的仪器。这些简单的仪器却救了一时之急，其后至昆明联大时，也还在用。

十月十八日开始学生报到。到的学生多来自战区，生活无办法。即于十月十九日常委会中议决：由学校经常费中节省五千元作为贷金，救济困苦学生。此后救济贷金，虽有种种名称，而长沙临大，实开其端。

先生学生到的渐渐多起来，长沙临时校址容纳不下，遂将文学院迁于南岳。

十一月一日，二十六年度开始上课。虽比平时校历晚了一个多月，然在敌人不断的空袭中，学校到底开了课，大家这才松了一口气。

在那时大家很自然的看重国防问题。学校组织国防技艺服务委员会及介绍委员会。又注重军事训练，曾于十二月十日布告学生，凡服务与国防有关机关者，得请保留学籍，并得由学校介绍。这也是后来西南联大学生参军的先声。至军事训练方面，曾经推定张伯苓先生为军训队队长兼学生战时后方服务队队长。此时学生宿舍方面，也完全用军事管理。女生则兼习看护。

这个在播迁中的临时大学，设备虽极简陋，大家却那末富有朝气。而生活愈简单，做事的效率便愈高，纠纷也愈少。我那时还常在想：这正是三校反省的机会了。重要不在留恋过去的光荣，而在如何创造一个崭新的将来。三校比较之下，各校的短长互见。既可取长补短；而人才集中，也为任何一校所不及。当时一位清华的朋友对我说："从来学校的人才没有这样盛，个人的朋友也没有这样多，我们为什么不可以永久合作呢？"这也可见三校的融洽无间了。

二十六年底，战事风声渐紧，至二十七年一月十九日长沙临时大学始决议迁住昆明。一方面派人到昆明布置校舍，添置设备。一方面于一月二十四日办理第一学期考试。一月二十七日学生开始填写入滇志愿书。至二月十日，总计欲赴滇就学学生八百二十人。此次学校再迁，大家不但不感颓丧，精神反更振作起来。

最值得大书特书的，是自长沙徒步至昆明的旅行团了。除女生及身体不适于长途旅行的男生外，学生愿意参加者共有二百四十四人。教员方面参加者也有黄钰生、李继侗、闻一多、曾昭抡、袁复礼诸先生。

二月中一个早晨，阴沉的初春天气，两部大卡车，满载着二百多人的行李，先行出动。大队渐渐集中，我们在骄傲眼光中看着他们出发时的热情与勇敢。从此他们深入民间，亲身接触各地的风土民情，亲眼看见各地的民生疾苦，亲手采集各处的科学标本。他们在路上共行一千六百七十一公里，为时七十三日。于四月二十七日到达昆明。我们在昆明拓东路又以骄傲的眼光去迎接他们。他们都晒得黑光光的，腿肚走粗了，脚皮磨厚了；同时人生的经验增加了，吃苦的本领加大了，精神也更饱满了。就这样的他们步入了历史的新页。

同时，在他们到的二十五天前，二十七年四月二日长沙临时大学正式改为国立西南联合大学。

选自《国立北京大学五十周年纪念特刊》，一九四八年北京大学出版部印行

// 南岳脚下

魏东明

衡山是湖南一个小县，靠粤汉路，据说每年有二十万旅客来到，都是来朝山登岳的。虽然南岳离县城还有三十里，但衡山县的地位名望，是全仗这山的。抗战爆发之后，这里并没有很快地引起变动，只是县里成立了人民抗敌后援会，成绩没有甚么表现，各中学情绪和要求很大，工作也逐渐萌生。

随着战局的展开，在退出上海，国府迁渝的时候，衡山县起了很大的变动。许多军事机关搬来了，南岳镇有宪兵向乡民指导“新生活”了，壮丁训练加紧了，白墙都涂黑，高射炮装好，飞机也在山头巡回，房子涨到十八块钱一间的月租，市镇上满处是兵，兵，兵，和外来的军官家属。

本地居民，可是恐怕敌人飞机跟来轰炸，搬走了不少。

小学都搬到了乡间，中等学校只有乡村师范和岳云农职两家，这里中学生是最热烈的抗敌工作者。

乡师的校所，已经让给了军委会，他们全校连师长带同学带工友，都分散在四乡工作。他们跟地方当局跟定县平教会都有联络，在各乡干的是组训工作：训练壮丁，辅助乡村小学实施国防教育，帮同组织当地民众救亡团体。这个学校平日宗旨就是造就乡村工作人才的，所以这局面不只使他们发挥能力，也正是实际学习。他们的工作极其严肃努力，有周密的计划，师长们也都是专长的指导员，所以成绩很好。比较不够之处，第一是跟民众不能打成一片，太着重形式的领导，第二是限外面联络不够，对大局动向不敏感，第三是工作还太经常的，不能抓定环境的推移，加强政治工作，准备游击战争。

岳云中学在抗战以来作了许多次的下乡宣传，成绩虽然还不算好，同学的情绪却都很高。就以寒假毕业这班来讲，有的跑到陕北公学去锻炼，有的去考航空机械生，剩下的也很少回家，要留在学校工作。他们提前了年考，现在已经放假。校所也曾经军委会指要，但现在还没到必须搬走时候。近来南京两广中学也搬去了合并一起，由学校发起了寒假抗敌工作训练班，由本校及乡师教员及临时大学同学担任训练，有国际情势、民众运动、游击战术等课目，话剧歌咏讲演等团体活动。以后预备到乡村宣传，校址被借则像乡师那样在乡作组训工作，衡山危急则组织游击队。

另外应该提到，十一月搬到南岳去的国立长沙临时大学文学院，这一批人的认识和才能，不见得比中学生高明，可是热情和勇气，却还不及中学生。许多救亡青年，过去在北大清华干的，现在已到前线或是民间实际工作，到这里来的是苟安的，不肯干“小”事的，混文凭的，想读死书的。自然也有情绪高，想工作的，但大多数是光说不干，眼高手低。学校里也组织了学生会，歌咏团，话剧社，文艺社，但大多很沉闷松散，没有很好的成绩。而且随着时局的紧张、生活逼迫和工作要求，使这里人逐渐又走出来，于是校内更松散苦闷了。这里校所也一度经军委会需索，学校接洽迁桂林，但因为那里没有适当地方，于是迁移之说暂时搁置，仍旧照常上课，但同学更浮动徬徨了。

在衡山地位转成重要时，这里三个学校发起了联合抗敌后援会，临大担任总务，岳中任宣传，乡师任民训。这组织一方面可以跟上层联络，另方面也结合了三个学校的工作，使得这里可以跟外面联系，也可以有效地进行当地抗敌工作。联合抗敌后缓会已经筹备了在南岳镇设一处战时民教馆。另外，临时大学女同学会所募款自制的棉背心，也交给了联合会来分配。这是衡山最有力有人有工作的民众救亡团体。

此外在衡山的卫生院和平教会里，有多努力的女子，在干着妇女运动和文化工作。衡山是定县平教会的实验县。笔者希望团结了大部知识青年的衡山中等以上学校联合抗敌后援会，能积极联络起当地救亡同伴，密切地跟外面联系，努力担负起衡山的救亡工作的中心任务来。

二十六年十二月二十九日在汉口。

选自《战时青年》一九三八年第一期

// 记长沙临时大学

豆　三

往事不堪回首

秋风吹起征愁，细雨连绵，泛滥着一片哀情别绪。天边几行雁阵，吐着凄怆而幽咽的音调，掠着云影，飞返他们的故乡。他们一定预感严冬的来临，不顾受残酷的磨难；但可曾料到人间也有成群的秋雁，鼓着他们受过创伤的翅翼，同样为了避免北地的残酷，流离颠沛，投到南国的怀抱之中！不过秋雁的来往无碍，流浪的学子，却不知归去何年，世事沧桑，那能意料；即如当初，虽深晓平津不是久居之地，但谁又曾想到，国破家亡的时节，会聚首在这千里以外的长沙？当临时大学开课的消息传出后，各人幽郁的心里，放了一线曙光，十月底以前都纷纷到了目的地。乱离之后，幸得重逢；大家相见，悲怆之中，又惊又喜，连忙握手互道问讯，争询别后情景。闻得各人幸而无恙，都感到欣悦，闻得旧友不明下落，又都怀着隐忧。在百感交炽之中，各人心里，却都怀着一种痛惜的情绪：“往事不堪回首！”

这次南开、北大、清华三校，在长沙成立联合的临时大学，完全是重起炉灶。整个南开已化作一片瓦砾，自不必说；便是北大与清华，搬到南方的图书仪器也寥寥无几。说起三个学校的全部损失，自然无从估计，而且也不必估计，正因为土地已经沦陷，纵使保全一校两校，也是枉然的。其实北平若在久占之下，这些校舍与图书，索性倒不如南开那样付之一炬的好。可叹现在那些宏伟的建筑都被敌人利用，斋舍住了兵，教室沦为马厩，将来种种的图书什志，还不是拉杂抢烧了事么？虽则北大与清华无法运出的文件与图书等，都已组织保管委员会加以封存。然而这已无异鸷鹰口里的牺牲，吞与不吞，只看他们的好恶罢了！

重新创造

现在最聪明的办法只有“忘记过去的一切，努力创造将来”。且说各处学生纷纷集中在长沙以后，一霎时这不大的省会便突然活跃；旅馆与小店，都挤满了客人，大街僻巷，也充满了观光之士。各学校的教授职员都纷纷莅止，大家抖擞精神，预备再创造一个“北平第二”。不过仓猝布置，房舍与用具，都感到十分困难。恰好离车站不远，便有个湖南圣经学院。这学院乃是英国人所办，性质近乎专门学校，不过停办已久，如今便由临时大学租赁下来，作为临时大学的校址。这学院居然也是宫殿式，入门一片大草坪，两旁四起小的楼房拱卫着正中一座紫红色的建筑，形式相当美观，质料也算坚固，加以路旁很有规律地种了许多树木与花卉，令人颇生美感。尤其是斜风细雨的时节，从似雾的雨丝之中远望，那半红的枫树与大厦合看，竟颇有“烟雨楼台”的风味。这样的房屋，便是在湖南全省之中，自然也要算数一数二，不过现在流亡的学界所求已不是美感与舒适，只要校舍能敷教学之用，已觉十分满意。如今那四座小楼房已住满了教授与职员，中间那所建筑，名为“司丢儿”大楼，从前摆在那里，毫无用处；现在它的效率，却达到极点：所有的教室、办公室及图书馆都挤在这里，每日肩摩踵接，几乎不曾把这三层楼挤破。其实现在学生人数合计还不到千人，教授与职员约有二百左右。学生之中，以清华的五百余人为最多（原有一千余人），南开的一百多人为最少，北大的学生也只到原有的四分之一，约有二百余人。这是因为北大与南开的学生，多是北方籍贯，或因环境特殊，或因经济不裕，不能南下。这些人的失学倒的确值得忧虑；不过无论如何，学生人数，较之从前已大为减少。无奈三校原有的规模太大，纵然减之又减，这圣经学校的房屋，仍是不敷分配；用具也异常缺乏，甚至听讲没有椅子，粉笔拿得来又少了黑板！因为这种情形，所以学校当局已决定把文学院迁往衡山，借那边的圣经学院校址上课。此外还有工学院的一部，因了实验机械的缺乏，不得不与其他学校合作。譬如机械系一部分学生往南昌，电机系一部学生则往湖南大学借读。这样分散之后，本校只余法理与工学院的一部，虽则拥挤之状未减，不过总算是勉强够用了。

军营生活

教室既然不敷，学生的宿舍自然更感困难。所以现在也有暂住亲友家中的，也有租民房的，还有住旅馆的，每日三餐连住宿在内，只要四毛钱，可谓便宜之至。不过这只限于少数学生，至于学校指定的宿舍却是称为四十九标的兵营。这里距学校颇远，走路很费些时间，尤其这里面军营的特色，若与从前安逸舒适的生活比，不啻有云泥之别。实际说起来，从前学生的生活水准，失之过高，造就出来的青年不能符合中国经济的状况，徒然是教育的失败。如今的军营生活，倒的确是国难严重之际，每个青年应受的磨炼！目前这四十九标，仍有军队驻扎，出入有卫兵把守，警戒森严。所有学生，都分住在几座半新不旧的楼内。这楼说也可怜，走起路来地板与楼梯都是颤巍巍地乱抖。每座楼上有两间大屋，每间屋内的地板上，都栉次鳞比的铺着草垫，每个草垫上铺着各人的被褥。室的中央与四周留着走道，这样的一间大屋，便是六十个学生的寝室。现在各人都做了两套制服，而且要受军事管理，将来过惯了军营生活，走出去一定是道地的丘八风味呢！

将来希望

“战争是进步之母”，这句话虽则因了廿世纪兵器的残酷而引起怀疑，但在今日的中国却获得确切的实证。许多无辜的生命，许多前人遗留或最近完成的物质建设，无疑地是被摧毁牺牲了。然而蕴藏在人们心里的复兴精神却未曾摧毁；不但未曾摧毁，而且正蓬勃地在滋长萌芽。不见近时，各地的教育机关都纷纷迁到后方，将来文化低落之区，都会逐渐地发达，便是荒僻不毛之地，也会变作繁华的都市。现今文化界的人们，应当了解他们所负的神圣使命：不但要努力培植自己，而且要努力于启蒙愚昧，训练民众的工作，庶几这些暴风雨下散播到各地的种子，不久便能生出亿万的光明灿烂之花！

选自《宇宙风（十日刊）》一九三七年第五十四期

// 长沙临时大学见闻

陈一沛

长沙临大是由五四运动的开山祖北大，一二九运动的倡导者清华以及校舍给敌人炸得粉碎的南开大学三校合组而成的，十一月初开学，到校的同学共一千二百多人。

我们借着美国圣经学校的房子上课，因为国难当头，求学问的精神都非常之好，可是也正因为国难当头，有些情形就和平常大不相同，很愿意报告一点给外地的同学们知道。

刚开学，学校决定实施军事管理，借了四十九标兵营的一部作为男生宿舍，除特殊情形外，所有学生得一般住“标”。那时长沙接连有几天空袭警报，上海战事尚未失利，市内迁出者多，搬入的少，房租顿时便宜，同学们趁这机会就四处佃屋居住，甚至已经搬入宿舍的都纷纷搬出，一时住在标里的只三百来人，不及全数三分之一。不愿受管理的同学自然多半是少爷，受不了睡地铺的苦，但也有一部分人却以为管理不够军事化，而且学校不供给膳食，标里吃饭并不便宜，与其不伦不类，还是佃个民房痛快。这么一来，教官头大，注册组叫苦：注册主任潘光旦先生的桌前老围着一大堆“特别情形”的同学，声请准免住标。起初有些人胡乱要一张中医的“阴阳不调”之类的药方拿去请求，没核准，说是非西药不可。于是长沙市的公私立医院就挤满了假病人了，买卖最好的要推吉庆街的三湘医院，那医生只要察言观色，收下一块法币，就能断定你患肺结核或慢性肺炎，而且给一张有四五颗戳子的证明书。

既然有了教官，总得有些花样，成绩可也并不大妙。原因倒并非教官们的不尽力，主要还由于校当局筹施之未妥，同学们惰性的没有根绝，亡家的哀痛无处发泄。编队编了四五次，才稍稍有点头绪。最近住标同学又得令全体腾出标外让抗日负伤的同志们居住，队伍又一团糟了，不知何日再整顿得清楚。升旗礼规定是除女同学外，一律须到场参加的，九次不到就得开除学籍，可是那可怕的“开除”两字好像对我们没多大效力，喊报数之后，有几队竟阒然无声，谁也没有到。

读了约莫三星期太平书，有一天，我们正在“欧洲经济史”班上，埋头写笔记的当儿，忽然天外飞来“轰！轰！”的两响，震天动地，玻璃窗丁零当啷，人们给吓得血都凝结不动了，一定神，全本能地抢着往楼下走，桌椅凌乱，纸片横飞，一位同学给挤得眼镜掉下来粉碎，腿部受伤，另一位女同学吓昏了，拼命往那钻不进的讲台里爬……

之后才知道是敌机在学校附近丢的炸弹，因为防护团疏忽，没有放警报，死伤平民二百来人。敌机这番得了甜头，就天天来，一连来了四五回，虽然中国飞机翱翔迎战，敌人终于不敢飞入长沙上空，虽然警报一向，我们学校的屋顶上就扯起美国旗来，但整日提心吊胆，埋头苦读是不成的了。大家叹气，不论学生或教授。

于是，随着东战场的失利，无家可归的同学的日益增多，关于学校的本身就私下议论纷纷，从说话人的态度看，大抵有三种不同的意见：一是主张继续用功，直到“最后一课”，仿欧战时各国大学的样子，飞机么？不理它；那是勇敢而且好学的人们说的，然而据一位参加过欧战的历史教授说，欧战时飞机似乎不像现今那么可怕，而况人类的神经构造大致仿佛，刺激一来，总有反应的，所以这派人的勇敢多数人的批评是不切实。第二种主张是搬家，以为不妨孟母三迁，在深山里练好本领，再来为国家效力，打倒日本帝国主义不迟。可是第三类人又反对这种主张，以为即使十迁也无所谓，问题的焦点却在吃饭，家没得了，那儿去找那六块钱伙食？

岳麓山清华的新校舍正在日夜加工，据说明年春天我们就可全部过湘江上课了，不过有些人作杞人之忧，以为到那其间有了安全（？）的房子也许没人去住。话虽过火，但不无几分中肯，因为大江以南同学最多，他们渐渐变成穷光蛋，文凭、异性、好差使，都不在他们考虑之列了，学校不能给他们解决生活问题，他们非另谋生路不可；即使有志而且有钱读书的少数同学也不能不对学校感到深深的失望，因为念文法科的乏参考的书籍，攻理工科的无必要的仪器。人心究竟是肉做的，目睹祖国河山破碎，杀敌健儿视死如归，躲在象牙塔里啃讲义实在于心不忍，总不能安于“长此以往”的日子了。

今天说是要搬到我们文学院的所在地衡山，明天又传也许随中央研究院迁往桂林了，同学之间谣诼纷纭。我们的校长（即教育部长）的谈话近乎官话，大公报以及其他文化人“战时教育”的建议又未为当局所接受，国家，学校，家庭，个人的前途天天在脑子里打滚，谁能安心？谁不苦闷？

有人贴个布告，提议拍个电报请示最高领袖蒋委员长，他要我们怎么样就怎么样。很多人签了名，回电现在还没来。不过假如他老人家的答覆也是“安心念书”，而很多人没钱念了，那又怎样呢？

武汉大学散伙的消息传到了长沙，今天就有人写了张“警告师长”的布告，大意是“决不散伙”。消息不灵通的人看来仿佛这儿的师长也未免在动摇了。

这儿学生会最近成立，除推选了一些代表之外却尚无具体的工作。江浙流亡同学会也在组织中，能否积极解决同学的生活问题，尚不可知。比较切实一点的则是男同学的志愿军训团，女同学会的棉衣运动。

最近有人发起山东同学还乡参战运动，更有人征求去西北战场当游击队的同志，加入者相当踊跃。这是同学自己找出路去积极保卫祖国的先声，此后当局如果仍无使我们满意的措施，这类同学势必一天天地有增无已的。十四军在长沙招政治工作人员，据说报名的也不少。

普遍的烦恼！个人问题太严重了，很少人能够觉察自已的力量，能够自觉到是新中国的主人。“中国必亡——君不见埃及，罗马……？历史是没有怜悯的。”说完话搓搓手，好像在学术上有了重要的发明，这是一类。

喝酒，竭力不谈国事，也不念书，拿甜蜜的琐屑的回忆来弥补新来的巨大的创伤，那是一类。

浑浑噩噩，跟着别人恐怖，愤怒，高兴，这又是一类。

大多数同学则一方面抱住讲义，可是不太“爱”著讲义；一方面对战局略有关心，可是并不“非常”关心！一方面做梦太平日子的到来，可以按步就班地飞黄腾达，同时却又愿意舍身报国，死而无怨。在这军事第一的大时代，他们无可奈何，犹豫，矛盾，而苦闷了，有点儿可怜……

十二月八日于长沙

选自《战时青年》一九三八年第一期，又刊于战时青年社一九三八年出版、读书生活出版社印行的《在祖国的原野上》

// 三月来的长沙临大

缺　名

长沙临时大学开学之时，正是东战场我军开始失利退出淞沪之时。虽然如此，学生初到长沙，还是颇有太平景象，读书空气。熙熙攘攘地为注册，选课，买书而奔走。如往年开学时的种种兴奋，忙碌，希望，打算等，还是一样。仿佛由平津而长沙，除了从高楼大厦而入标（兵营）睡地铺，以及其他物质享受方面的降低而外，其他也没有什么不同。固然，每个人心上都添了些心事，囊中都少了些货币，但大多数人还觉得可以继续求学问，而读书是天经地义。

故书籍仪器之缺少似乎是当时唯一的问题。怀念着母校的图书馆实验室工场，怀念着各人丢在宿舍里不曾带回的书物，而对于长沙书业之不振表示失望。少数教科书被抢也似的一售而空，后来者则忙着预定，价值虽然高得多了，书还是不能不要。而钱也似乎还不大成问题，谁也没想到不久就临到有书不愿买，已买了的也要出让的时候。

这变化自然是慢慢来的，随了拥着挤着看报的人的表情的越来越恶，读书一事也就越来越被淡视而至于怀疑。淞沪陷后，一位同学敢打赌三个月后苏州仍在我军手中；无锡武进陷后，最悲观的人仍相信打到南京还要个把月。到我军退出南京的消息载于报端，这一下打击实在太大了，每个人心理上都起了大变化，不得不承认往昔所不愿信其可能的事竟成了事实，往昔所不愿信其将至的事竟必然要来临了。有的人甚至自承，他向来是速战派却再也没料到真干起来会落得个这等局面，倘早知有此，往日恐不敢高呼口号了。不管这种心理是否要得，但这种心理的存在却是事实。而青年中，大学生中，热血的，乐观的，勇毅的，果然很多；但冷静的，悲观的，犹疑的，也决非没有。似乎热血青年四字，不足以包括一切。

事实上，临时大学在某一段时期内，确是因幻灭矛盾而动摇，甚至说一度有岌岌不可终日之势，亦不为过。南京陷后，相距千余里的长沙，仿佛亦已朝不保夕。加以几位教授的返乡与送眷，以及其言论中所流露的悲观调子，使离散逃亡的心理日形高涨。大家似乎眼睁睁看着长沙就要被轰炸甚至被占领，而校当局与教授们似乎都只顾独善其身，因而临大似乎不久就要无善后地解散了。即是教授们自己被问及时也只如此云："我想这学期总该还能维持吧"，毫无自信的样子。

于是，怎么办呢？学生开始觉得学校不是个安身所在，不是个可以食焉宿焉，可以替学生解决一切的所在，非自找出路不可了。这时有若干人联名出了一张大布告，指摘逃亡心理，要求最后一课，虽然看着颇堂皇，大家都知道只是一纸空文而已，于是，有家可归的，立刻想到了可爱的家，果然有若干人告休学卷铺盖走了。这自然牺牲了学业，且在学籍上吃了亏，但这时早顾不得这些了。学业呢，还有什么用处？资格呢，谁知道还有没有算账的一天？他们去了，使无家可归的更发了急，赶快去找工作，混口饭！ 混口饭？这显得太寒碜，然而是事实。当然，决心为报国而去找工作的也有，但大多数人恐怕都是先想到了自己将来的生活。但何处有工作呢？一切机关都裁员，只有与军事有关的才要人：训练民众，军队的政治工作，到前线服务，加入第八路军，以及正式入伍而为各种专门兵等，俱是。想弄弄无线电的很多，因而设了讲习班，每天听电码。徐特立先生来校提倡之后，加入游击队之说也甚嚣尘上了。

这些地方，除了游击队没听见说起外，其余的果然都有人去了。布告栏上，不断地有招集，欢送，以至出发的告白，也同时不断地有出卖书籍衣物的广告。校门口不时有大批箱子铺盖运出去，到山东的，到河南的，到津浦前线的，到陕北的，到临汾的，一批一批的去了。有许多是并未办理离校手续的，故到后来校方已不复知学生人数，因而发了在校学生证明单。

填了这在校单的，大概还有原有人数之半。原来在许多人忙着离开学校抛掉书本的当儿，图书阅览室内还是充满着人：做习题，抄笔记，温课本，拉算尺，不减当年“开矿”气象。这些人中，一大半是抱着“做一日和尚撞一日钟”的态度，一小半是信仰读书救国或志愿献身学问的，还有些是聊以自遣的。

教授们的态度呢，一上课先讨论时事以至把书讲糊涂了的有，不讲时事却说这年头读书没有什么意思不过消遣消遣的有，催着缴题目且责备学生不大起劲的也有，而不作任何表示的自然最多。

至于课程呢，确实没有什么战时或非常的气味。除了某几系间或有一二新课程，如国防化学，现代日本外，差不多还是一切如常。到某将领来校演讲后，校长且公开阐明了教育无所谓非常之义。冷讽派则谓倘要实行非常教育，则许多教授都将无事可干。实际上许多课程确无法使之与国防发生关系，故欲在传统教学范围中求其非常化战时化，恐怕不免流于肤浅——譬如微分方程班上，算一二道飞机掷弹的问题之类。

体育方面倒有爬墙钻洞等训练；军事管理方面，丘八式的黑棉大衣单布黄制服倒差不多能普遍，得到了张治中主席“不像个大学生，倒像个丘八——哈哈，很好”的赞许。但其实那次听他演讲时，还有不少不曾戴帽的混在里面。服务精神方面，伤兵服务团曾出过一张布告说，报名的很多，真正按时去服务的却只有一个。但后来似乎好些了。剧团公演了两次，卖得了数十百元捐助伤兵。纪律方面，虽然那次在无警报中，骤闻日机在学校附近所掷弹之砰然巨声时，那样的全场大乱，争先恐后，挤入地下室的秩序不佳可以原谅；但其后每次警报中，却总有一大堆人聚立廊前探望指点，躲入地下室的则喧哗有如茶楼，反不如他处市民在防空壕内的服从指挥，实在是说不过去。其原因是误解和误用了自由。

经过了一段动摇时期，陆续走散了好些人。后来因为战事稍稍停滞，警报虽闻，飞机不来，南京失陷前后的一般歇斯底里症渐渐的复元，看看长沙一时还不会有什么，自然而然安静下来了。而且，学期行将结束，大考也将举行，虽然较往年草率一点，想必也马虎一点，但考试总还是考试，这两个字究竟足以震动大多数学生的心。说也奇怪，已经离校的人有些又回来了，再捧起书本，还是丢不了学籍。

也有因他故回来的。譬如，有加入军队工作，不数日后自知不能胜任而回了；有受了训练民众的训练，待要派到一偏僻地方去时，却因言语不通而不去了；有想到陕北或四川去而到汉口就被阻而回了。更有出发去前线服务，到了某处各自回乡而散的；也有虽未回来而写信来说，对工作不感兴趣，不久即归的——这些事实即使都是例外，也说明了参加工作之前，有从长计较的必要。

最近，临大忽然决定迁移昆明了。以前的传说是以不迁移为原则的，突有此变，内幕如何，不得而知，也许早有此议亦说不定。现在，一方面当局已明令迁移，而且公布办法了，一方面学生全体大会也已于事前通过不讨论原则，仅作实施办法上的要求——一言以蔽之，即要学校给与最大便利最大保障是。

“昆明去不去？”已成校中的流行招呼语。其回答虽然多数是未定，问其理由，却只是钱的问题。详言之，即旅费与将来生活问题。因此，除了少数已有其他出路的外，大多数人似乎都在想法张罗一些款子。而张罗之一法，自然是要求学校增加津贴（原定廿元），因此有人把打听得来的到昆明必需费用公布了，指摘校方以多报少。也有出布告劝大家三思而行的。而且，居然有人把粤汉路历来轰炸的记录公布来示警的，被人批着：怕死之徒！也有人回驳：到昆明去就是怕死！

最近的最近，又有被阻不能迁移之说了。同时，第一日办理赴昆明手续的，据说已在二百号以上。

（一月廿七日）

补记：经过了一度若有其事的签名运动和推选代表赴汉，向当局请求停止迁校的波折，迁校局势至今日终于大定。在校方公布了志愿赴滇的显然多数的人数后，并且有指摘学生会不合法行动的布告出现了。被指摘的那一方，尽管辩护着，但也已声明将不再有所举动。于是，所余下来的，只有局外人的诧异，因为连大报上也已登载过临大不迁的消息了。

（二月十五日）

选自《宇宙风（十日刊）》一九三八年第六十五期

// 报告一些临大的消息

向斯达

一、一个星期以前梅贻琦先生和我们的秘书长曾有桂林之行，当时“临大决定迁移”的谣言便浮嚣起来，后来梅先生带回来“桂林没有地方”的消息，谣言便转成了“临大就要解散”，但是事实并不如此，临大不搬已接得当局的命令，不过在可能局势下仍将撑力支持，非在万不得已（例如长沙每天有好几次空袭或者日本军队已经进迫到江西湖南的边界）绝不解散。有人说临大经费已发生问题，亦与事实不符。只要学校能维持一天，经费也一定可以发放一天。

二、学生因为在临大读书不太切实际，有些不耐烦的已经走了不少，他们离开学校并不是回家，确是已经找到了适当的工作，（有湖南省民众训练班，战地服务团，航空机械班，十三十四军政训工作……）学校很鼓励他们去参加这种活动，并在可能范围里代他们接洽，并且他们的走都得到了校方的允许。这一部分离校的同学先后已近二百余人。南开同学约占十分之一。

三、“校”里的情形，学生现在都已经挪出来了，原因是伤兵要用那几所房子，房子既然是军事当局的，学校自然也没有办法。现在除了原来住在校外者不算，其余全已搬到淑德女学和文艺中学。这两处比校里舒服多了，并且每人有一个床。这里的中学都结束了，大部中学生都参加湖南省民众训练班，大概受完两个星期训，便分发到各县去服务。

四、衡山文学院的地址因为军事委员会要用所以有把那一部分移回长沙来的意思，不过现在还没有决定，报上说移校桂林，非事实。

五、南开同学在湘者已有很好的组织，共分十三队，每队有一队长负责。每星期在韭园的 Club House 有一师生谈话会，分批请同学们去谈谈，并且不时地把学校的正确消息告诉他们，以免他们误信谣言。这种会已经举行过三次，我相信对于南开团结更有大帮忙。不是我们夸嘴，临大的三校确以南开的精神为最好。万一临大迫于时势不得已解散时，南开这个小团体 move 起来也许还容易些。

因为忙迫过重，只拉杂地报告过这一点，有工夫再写，望校友们多多原谅。电工系四年级学生刘伦，因患肋膜炎昨晚在湘雅病故，伯藩兄因受刘伦叔父刘际平之托现正替他办理善后，国难如此严重，刘君这样悄悄死去，我们不能不为之一叹。在湘同人都好，生活还和从前一样地安定。

选自《南开校友》一九三八年第三卷第三期

// 第一期抗战之检讨与对青年之企望

（民国二十六年十二月对长沙临时大学讲演）

陈 诚

蒋校长，诸位先生，诸位同学：

今天，自前线来，承蒋校长之邀，到此和大家见面，很是快活。兄弟是一个军人，不善说话，挂一漏万，知所难免，务请大家原谅。兹就本身军事立场，对当前战局各方面，略加剖析，至我们青年学生的态度应该如何问题，也提出一点意见，供各位参考。

一、东战场情势一瞥

此次东战场作战，第一，第四，第十八各军，损失最甚，每师只剩几百人。无疑的，以我们的劣势火力对付敌人的优势火力是不够的。敌人借飞机大炮掩护部队行进，向我阵地肆其残酷的轰炸，我为避免不必要的牺牲，在白昼间，差不多不能有所动作，等到夜幕扯下，才以血肉出与敌人相搏，常致胜果。此种经验，惜以时间关系，不能殚述。至于攻守经过，统统载在报纸，也用不到说。总之，我作战的技术，愈试愈验愈增进，我们军队的士气，愈洗炼愈壮旺，何况我们有的是人，源源补充，一定可以支持战局，一定可以摧毁敌人，达到最后胜利的目的。

二、关系抗战之诸问题

1. 军事机构问题

这一次抗战失利的原因固多，首要的还在军事机构太复杂，指挥欠灵活。因为一方面是大本营，一方面又是军事委员会，还有军政部，参谋本部，训练总监部，都是发布命令统率作战的上级机关。单就军事委员会来说，内中六个部，和中央及行政院各部，也多有共通之点，动辄抵触。结果，战略不能贯彻，战术互有冲突，以致坐失机宜。这一点，委员长也深切感到，已商定改善办法，将来必能使军事组织严密化，合理化，简单化。

2. 政治训练问题

其次，在前方，因民众组织的不健全，致使汉奸到处出现，刺探军情，破坏作战，实在是作战失败的重要因素。在暴敌的压制下，汉奸的组织行动，反甚严密，我总司令部几无处可设，凡移一地，必有汉奸告密。一次，在昆山尝见一年仅十余龄之孩童，于道旁玩耍，当兄弟汽车驶过，作注视状，似有可疑，旋差人购糖果馅之，彼因年幼无知，悉吐其实，谓某总司令于某时经过某地，无不一一吻合。至上海先施公司的被炸，原因也就在汉奸侦知我们第三战区高级将领那一天几点钟在那里有一个重要的会议，届时敌军就派遣几十架飞机，对准目标，施行大轰炸，满以为将我东战场指挥作战人员可以一网打尽。真是微天之幸，我们在几分钟之前，就预料到此，已悄悄到另一个地方去了。诸如此类的事，可说举不胜举，防不胜防。但汉奸何以产生，而产生以后，又何以不能消灭？这是一个政治训练问题。关于民众的组织训练，本是中央几年来最重视的一项内政设施，所有各种计划方案早颁布给全国党政人员遵行，以期全国民众人人感到民族危机，而团结一致，并养成敌忾心理与自卫能力。但自抗战开始以来，民众组织的力量究竟怎样呢？大家一定是很不满意的。可是我们不能怪老百姓。老百姓是无过的。一切过处全在一般负责指导的党政人员，尤其是党员。说来可笑又可恨，八月间上海战事还算得手，南京局面安定如故，不过敌机常来轰炸就是，这样，一般党员就吓得魂不附体了，派赴前线视察民训的人员，不是裹足不前，就是中途折回，当兄弟驻军苏州昆山一带时候，当地已很少党员，伙夫与工役成了党部的主人，我们要想作些政治工作，就找不到门路而无从着手。

自然，政治和军事是分不开的，过去民训工作的缺憾，固无可否认，而部队的政训工作，也难令人满意。因为缺乏统一的机构，和健全的干部，政训工作常受部队官兵的歧视，不能起很大的作用。回忆民国十五年间革命军自广州出发，所向无敌，不到三年工夫，就统一了南北，大家都认为这是军队政治工作的成功。那时军队的编制，自连以上各级均设党代表，各军设立政治部，一般工作人员对下级士兵心理，都十分了解，因而发扬革命精神，扫除军民隔阂，凡是革命军到达的地方，没有不受民众的欢迎与协助，真有如古人说的："箪食壶浆，以迎王师"的盛概。我们今后要健全军队及民众的组织，充实抗战力量，非改革政治机构，加紧干部训练不可。至少限度也要恢复北伐时代的政治工作。将来机构方面，每连增设指导员，各军设立政治部，直至最高级为止。干部方面，现在从战区逃出的知识分子，日有增加，政府自有整个救济办法，此次前方作战不力的部队为数不少，拟裁并十余师，以所有四师的经费约四十余万元，作为此项人员的救济训练之用，养成未来的政治干部。总期全体官兵振作士气，奋勇杀敌，全国民众有组织，有训练，肯冒险犯难，为国牺牲。

3. 教育行政问题

教育是立国的根本，尤其当国家临到存亡绝续关头，成为绝对的需要，这是一个国家最强韧最可靠的生存力量。今天，学界中有许多人，以为抗战形势这般吃紧，人人都应该亲赴前线作实际杀敌的工作，高喊“离开学校”“抛开书本”的口号。从表面看来，这种论调，不能算错。但要知道教育是千年万年的国家大计，所谓“百年树人”，一个国家，要建国，要强盛，就要培植无量数的人才，以为领导，以为中坚。大家身受大学教育，知识丰富，能力精强，就是当前抗敌建国的主要的干部。现在，四个多月抗战的结果，固然有许多名城，沦陷敌手；所有教育行政，都不能继续实施，无量数的青年学生，不是受俘被杀，就是失学流亡，但是我们难道就此不管这些学生了么？不，我们政府在整战时教育方案之下，仍当设法予以读书的机会。实际上，在目前，教育的意义，比较平时尤为重大。一方面，学校成为后方文化的重镇，安定社会的主力，他方面，学生担任后援宣传工作，激发抗战情绪，为支持前方作战的中心。除在万分困难时候，我们不能将学校任意迁动。我常常对部属说：“忠于职务”。这句话的意思，就是要大家在一个目标之下，一定范围之内，尽到自己的本分。就拿抗战的例子来说，国家行政各部门，自有其本身的责任，做军人的，要效死沙场，办实业的，要充裕民生，做学生的也就要安心求学，方使前方后方，井然有序。倘使做军人的反到后方读书，做学生的反到前方作战，这还成什么样子？！诸位读过西洋史，知道纪元前一世纪罗马人攻入希腊城时，希腊的大科学家亚基美得，一面沉着的在实验室继续做“比重”的实验，一面愤怒的大骂罗马军的野蛮。我们就要有亚氏这一种死守不屈的精神。我认为教育在抗战期中有着很大的任务，尤其在安定后方一点，具有直接的效用，希望大家切实注意做到。

现在，有许多人因为对于战略战术理解不够而发生动摇。就其迷信游击战一项来说，游击战，诚然是近代被侵略的反抗侵略者的一种新颖战术。战争的演进，约分三个阶段，即点，线，面。古代的战争，是两方角力的比赛，在一点上运动。近代主力战争，循着一定的阵地运动，是为线的战争。最进一步，便是面的战争，游击战是其根本精神。游击战的目的，在于以最少的兵力，牵制敌人最大的兵力，以最活跃的姿态，出现在战线，破坏敌人作战的计划。但是说，游击战是战争胜利的因素则可，若说游击战是战争胜利的关键则不可。游击战须要正规军配合，才能发挥其战斗的力量。游击队断不是一群乌合之众，同样的需要有严密的组织，与纯熟的训练。而一般人却以为游击战是抗战唯一的法宝，同时又认为很容易做到，其实大谬不然。听说，你们受了某一方面的指示，有出发晋北参加游击战的决心与行动，这个，我要劝告各位。游击战的效能已如上述，诸位此刻为自身前途着想，为抗战前途着想，都不能贸然前往，致失国家的生命力量。但是我听到蒋校长说起这边将有自由解散的可能而发生的感想，随便提供给各位参考。

4. 伤兵慰劳问题

目前，在后方最感烦难的问题，就是伤兵问题。一般伤兵，大都骄纵负气，往往夺取民物，捣毁官府，滋扰异常，此次过赣晤熊主席，承告种种困苦情形，他曾把伤兵编为保安队，而逃散一空。湖南省伤兵管理，比较有办法。原来，负责管理伤兵的后方医院，系归军政部统辖，而卫生署要求接办，每月拨款三百万元，成绩并不佳。总之，管理伤兵，我认为最要紧的条件，便是满足他们食宿两项基本的生活，如果生活满足之后，再事吵闹，就予以严办。至于慰劳问题，我认为大家最好送款或物品与经营机关，统筹办理，若是直接交给军队，一般军士是得不到益处的。以前一二八抗战时候，有一个军队颇负盛誉，收到的民众捐款非常之巨，结果把这个军队活活送掉了性命，因为“官富而骄，兵穷而怨”是一定不易的道理。又如某将军当日在东省御敌有功，博得全国同情，捐款累累，以致假父认以为子，以图分沾，真子不以为父，以免挪票，而引起法律的纠纷。这都是处置捐款失当的严重的教训。到了今天，也还有许多慰劳明星，借慰劳出风头，以捐款饱私囊，真是卑劣到了极点。

三、国际现势之分析

就国际方面说，世界各国人士，震于一九一八年大战损失之重与伤亡之惨，惊痛甫定，咸不愿轻启战端，自居戎首。且各国内政上外交上牵制尤多。英国以自治领土，遍布世界，近年来蠢蠢思动，渐呈不稳之势，故如何压抑统治实为其最焦虑之问题。同时在地中海与义大利暗斗日烈，自义大利派遣军队至菲洲利比亚及在西西里岛设立海军根据地，积极增加海军实力，英国大感威胁，加之，重整军备计划，要等到明年四月始能成功。以致对于远东的冲突，仅仅采取一贯的和缓策略，即可以敷衍一天，便敷衍一天，决不肯作强硬的表示和实际的行动。至于美国，以金元帝国，生活优裕，安于现状，中立派势力，左右国策，对于远东行动，虽受英国热诚的鼓励，与日寇极度的侮辱（如巴纳号舰被炸）亦不为所动。苏俄，则清党问题，颇为严重，外交上自然受到相当的影响。目前，加拉罕等判处死刑，或可告一段落。法国的态度则以苏俄为准。总之，一二年内，国际间恐无引起战争的可能。我们自九一八以来，直至此次抗战发动，希望国际援助的心理，不能不谓迫切，而现在事实上似乎使人要感到消极和悲观。其实那种态度是完全错误的，我们要明白这一次战争的神圣意义，是在于以自力更生的决心，求民族之生存，初不必奢望他国的援助。固然我们欢迎各国予我之善意的同情，但最后胜利的关键，必然在于我们的不断的努力。国际顺逆，实无足轻重。本月十七日，《告国民书》中说：

中国自抗战之初，揭櫫二义，为民族生存独立而战，同时为国际和平正义而战，数月以来，虽国际之正义，尚未充分发挥，而公理是非，固已大白于天下。吾人不问国际形势前途如何，必当尽其在我，初不必遽形失望，尤不可稍存依赖。

这就是我们应具的抗战的精神。总之，国际方面一般趋势，尚于我有利，望大家振作精神，注意分析研究坚定胜利的把握。

四、对于青年学生之企望

关于第一期抗战中，各方面暴露的缺点及其改进的方法，略如上述。而我们青年学生所应取的态度实大有研究的价值。诸位知道，我们这一次抗日战争，是整个国家民族赌存亡拼死活的战争，要竭尽气力，苦斗到底，牺牲到底。所谓持久战，全面战，就是在时间上没有一定的期限，在空间上没有一定的地域，因此，这一次战争，必须人人出力，时时应战。所谓“出力”，所谓“应战”，却不是狭义的荷枪执弹冲锋陷阵的意思，而是各尽厥职，共同支持战局的全部。中国近代青年学生参加救国工作，当以五四运动为最有光彩，最有价值。这就是贵校领导努力的结果，在座的诸位先生之中，有的还是当年的老将吧。回想起来，一般摇旗呐喊克奏肤功的人，都成了当前国家各部分的中心人物，负着重大的责任。这一班人，以前那样批评人家，攻击人家，现在反过来要受人家的批评，受人家的攻击了。这是什么原故呢？一方面，是青年时代，血气方刚，认识不足，容易冲动；一方面，是大家得到地位以后，没有继续前进，却为环境所同化。我们今天要救国，要抗敌，就要想出实际有效的办法，一一遵照努力，不可单凭一时情感的刺激，而错乱步骤。贵临时大学是北大清华两校合组而成，为全国声誉最著的学校；大家一切行动，都要做人家的表率。现在就个人意想所及，提出几点来，和大家谈谈：

第一，要认清责任，坚定意志，安心向学，安定后方。所谓“认清责任”，就是切实形成后方的一种安定力量。大家知道后方与前方，不过就战争的关系来说，实际是一个不可分割的整体。前线作战的人员及所需的粮秣弹械无一不是仰赖后方的供给与补充。为便利前方作战，确立胜利基础，安定后方实是切要之图。大家知道，我们一个学校，一个机关，一举一动，莫不是社会人心之所系。大家在此时此地，该如何坚定意志，安心向学，不负政府的期望，是第一点要注意的。

第二，要潜心研究，精益求精，切实从事科学救国，在将来建国的工作中，必达成革命任务。现代国家的进步，就是科学的进步。欧美东邻诸邦，所以强盛，就是他们肯努力研究，日新月异，处处胜过人家。而我们所以衰弱，正是我们不肯努力，不肯研究，因循苟且，处处落后。日本人曾经批评中国的军事将领，不学无术，妄自尊大。这其实不仅军人为然，可以说整个学术界，都是空虚，贫乏，幼稚。把自己同人家比一比，处在同样的地位，担任同样的职务，是不是同样的知识能力？提起这个问题，真要愧死。今天，要抗敌建国，大家务必精勤不懈，精研学术，首先在知识能力上要战胜敌人。

第三，要励志修养，澄清社会，襄成抗战建国的伟业。这一次抗敌，也就是建国。中国过去的社会，充满着腐败毒素，什么自私自利，互相争夺，贪赃枉法，敷衍欺蒙，种种劣根性，不一而足。我们要在这一次民族的解放斗争中，除尽社会的腐败，培育新鲜活泼的种子。古人说："学校为风俗之原，士习敦则民风亦厚矣。"我们在学校里读书，必须有优良的品性与高尚的人格，作为改造社会建设国家的基本条件，望大家郑重注意。

第四，要尽力后援工作，加强抗战力量。大家在后方虽不比上阵杀敌那样光荣。但是所能作到的后援工作很多，譬如宣传运动，慰劳运动，捐款运动等等，那一件不是应该做，值得做的。你们以为在后方，只是退缩，没有长进，而妄自菲薄，失却自信，急性一点的，还不顾一切，出发前方，这在个人行动讲来，固然未始不可，但是集体的行动就有很大的恶果，希望大家就本身地位，尽力后援工作，维持后方秩序，这样才能使前方争取伟大的胜利！

选自《青年救国之路》，中国国民党中央执行委员会训练委员会编，一九三九年八月出版

// 我们究竟怎么样?

二十七年一月十八日对长沙临时大学学生演词

张治中

各位先生，各位同学：

本来很久就想来看看大家，见见我们最有名的平津最高学府的青年同学，但是本人因为初到此地，不能够抽出工夫，常和大家相会，这次得承蒋梦麟梅贻琦诸先生邀约来见面，对大家讲讲话，觉得很是高兴。今天看到各位的精神，很是不错，个个不像大学生的样子，都有丘八的样子，我没有想到有这样的精神，这样的整齐。到底大家都成为非常时代的青年了。

今天讲一个什么问题呢？我的题目是：“我们究竟怎么样？”

过去作战方面一个概要的叙述

一　北方失败的原因

第一、我们把过去看一看，远的不讲，从卢沟桥事变以后，“八一三”上海战事发动以来，各方面的情形，大家都知道的。我们在北方的形势，北方局面的造成，可以讲，不是什么军事的失败，而是政治的失败。敌人仅仅利用三条铁路——就是平汉津浦平绥三线——当初我们北方的将领，因为没有决心，没有抵抗的决心，所以兵力没有集中，部署没有完成，结果当然要失败。所以没有经过什么了不得的战争，而平汉线上的保定，津浦线上的德州，平绥线上的大同，很轻易的放弃了，终于形成了现在华北这种严重的局面。

二　上海战场初期概述

在上海方面，大家都知道，上海抗战支持了三月之久，以上海地理方面的情形来看，是不应该支持这样久的。在上海的战事中，我们是以一个陆军来对抗敌人陆海空军的力量，虽然我们也有空军，我们的空军也能奋勇作战，但是因为数量的关系，技术的关系，终究不能取得制空权，所以对付敌人的陆海空军的联合进攻，还是完全以我们的陆军来做抗战主要的力量。在作战之初期，我们把敌人驱逐到黄浦江边，在这一时期是取的主动攻击的姿势。但是我们攻击的兵力抵在江边，我们是以血肉之躯来抵挡敌人几十条兵舰，几百门大炮的轰击，是整天不断的在敌人几十几百架飞机轰炸之中。这是一种什么样的战争？这简直就是血肉与机械的战争，精神与科学的战争。试问，血肉能够抵抗机械吗？精神能够胜过科学吗？但是我们凭着这种血肉精神来抗战，就能支持三月之久。虽然在战略上看，有人以为是有许多迁就政略的地方，也有人讲我们对于国际形势有过于侧重的估计，可是，一般的讲，我们在军事上虽然结果还是失败，但是我们军队之勇敢善战，我们民族牺牲精神之旺盛，却大大地改变了国际的观听，也大大地矫正了敌人蔑视我们轻视我们的心理。这些是我们争取未来胜利——也就是最后胜利的因素。

上海撤退以后情形之说明

不过，在从上海退却以后一直到南京陷落，这个期间的经过，实在是出乎我们意料，甚至可以说万万想不到有一个这样的结果。不过要追究这个原因，那是十分明白的。我们大家想，在上海作战的部队，最初在我的指挥之下，只有两三师人，以后增加到五六师人，此后不断的增加，总计有二三十万，而这二三十万的军队，彼此素质不同，教育不同，历史不同，干部训练不同，以种种不同的部队硬拉到一条战线上来作战，是没有法子可以组成一条巩固的阵线。为什么呢？因为好坏不齐，好的军队可以守得住，但是坏的军队就不能支持了，因此，常因牵一发全身皆动。便是说：假使有那一方面被敌人突破，整个战线就为之动摇，此其一。再者，当在上海退却的时候，沿途军纪太坏，秩序太乱，本来没有教育没有训练的军队，到那时便完全把真面目暴露出来了，以致原来教育很好纪律很好的军队，也受了影响，分不出好坏来，使各级指挥官掌握不住。于是，在这种情形之下，便不能在预定的阵地上支持抗战。所以上海之线撤退之后，跟着昆山一线不守，苏常一线不守，锡澄一线不守，一直退到南京，芜湖，还是不能守，此其二。再次，还有一点，即使是教育很好的部队，但是因为多次作战的结果，原有的士兵，已经牺牲殆尽，所补充上来的，都是新兵，所以作战的力量，至少减至百分之七十以上。这个道理是很明白的：譬如，这个军队的教育本来是很好的，但是因为作战牺牲一半，就要补充一半，再打一仗，牺牲一半，又补充一半；这样逐渐的损失，逐渐的补充，这样就把原有的质量大大地改变，甚至变成一个到处拉拢到处杂凑补充的一种军队。所以作战的能力，也就因而大大地减少，这是我对于过去作战方面一个概要的叙述。

现在局势之分析

一　版图还在我们手里

现在怎么样？大家同学们现在可以看到，华北五省已经在敌人铁蹄蹂躏之下，大江以南，我们的首都，杭州，上海，也是相继沦陷了。我们领土丧失了这么多，在这已丧失的领土上，我们估计一下，总有一万万以上的同胞，做了敌人暂时的奴隶。在这一个形势之下，似乎是很严重的。究竟敌人会不会再事疯狂的向我们侵略呢？所谓在广东登陆，所谓从杭州突进，所谓从黄河南下，直迫武汉，就敌人种种企图，种种阴谋看来，我们是处在万分严重的局面之下了。可是我可以告诉大家，这算不了什么一回事。大家都知道，敌人虽然占领了我们许多地方，实际上不过占领了几条铁路线，公路线，纵然铁路线公路线，完全在敌人掌握里，但是这些线，时时刻刻可以被我们切断，被我们包围的。所以我们还是可以说，广大的面积，广大的版图，依旧是在我们的手里，这是一。

二　我们可以打击敌人

其次，敌人侵略我们在这几个月之内，对于中国所使用的兵力，估计是有八十万人，在军费方面，最少已经用了二十五万万到三十万万元。在这么短促的期间里面，敌人已经出动这么多的兵力，消耗这么多的军费，而结果只占了几条铁路公路线，但是仍然有时时被我们切断包围的可能，例如，太原虽然被他们占领了，但是太原以北，雁门关各地方，还是在我们的手里，南京虽然被他们占领了，但是南京以西，宣城广德等地，还在我们控制之下，他究竟还能动员多少兵力，筹措多少军费，来支持更大的战争？何况我们过去的战略和现在的战略，我们过去的形势和现在的形势，更有主动被动的不同。我们可以很肯定地讲：敌人愈深入，对于我们愈有利，我们更可以因利乘便地打击他！这是二。

三　我们欢迎敌人快快来

就这两点来看，已经够作为我们对于前途的判断的依据，国际形势不讲，敌人内部矛盾不讲，专讲军事方面的情形，如果敌人现在停止军事行动，运用其政治的外交的手腕，是他聪明的地方，而我们就要吃亏，如果他不是这样打算，而还要继续疯狂的战争，这倒是我们所最欢迎，求之不得的。为什么？各位在地图上看看，可以知道，从南京到武汉有多远，从杭州到南昌有多远，从南昌到长沙又有多远，以这么长的距离，他们光是单纯的靠铁路公路的交通，就可以占领了我们这些地方吗？他们能够运用大兵团，来向这些地方作战吗？即使他们要做的话，那么，在作战上，他们怎样来补充，怎样来给养？即使我们避开了铁路线，公路线，让敌人长驱直入，试问他们怎样办？他们要拿多大的兵力才能巩固这占领的地区，要有多少军费才能维持这样大部的兵力？我可以对各位讲：我们欢迎敌人来，欢迎敌人快快地来！他们越来得快，越要失败得快，崩溃得快。如果敌人现在来了，我们不能以透澈的眼光，在军事方面分析一下，而形成了一种摇动的状态，恐慌的心理，这就是我们失败的根源，就是我们精神上，心理上，已经被敌人征服了。那我们就快要灭亡！如果精神上心理上不为敌人的疯狂侵略所征服。而我们真能抱定战至一枪一卒为止的决心，任何打击不以为是失败，任何失败也不足摇动我们的信心，我确信我们可以获得最后的胜利。

四　今后是我们胜利的肇端

今天不是同各位讲哲学，甚至于讲玄学，我们就各种情形来判断，实在无所用其摇动，更无所用其恐怖。可以同大家讲，现在已经是敌人失败的开始；今日以前，我们虽然是失败，但是今日以后，已经是我们胜利的肇端，这不是我故意如此讲法，来安各位的心，大家都是热血的青年，用不着我来安各位的心。这个判断却实在根据于各种事实之发展分析出来的一个结论。

我们究竟怎样办?

下定一个决心

现在我们究竟怎么样，究竟怎么样办呢？很简单的说一句话告诉大家，我们每一国民，尤其是每一个知识分子，领导群众表率民众的知识分子，应该要有一个决心。什么决心呢？就是我们只有两条路可走，一条是生路，一条是死路，我们不生则死，不死则生，要生便要痛痛快快的生，要死便要轰轰烈烈的死。如果在不生不死半生半死，是生非生，是死非死的状态之下，我们不愿生，宁愿死！我相信只要中华民族每一个国民大家都有这个决心，都有这个抱负，都有这个破釜沉舟有死无生的决心与抱负，必定可以挽救国家的危亡，中华民族一定可以复兴起来。那怕一个日本帝国主义者，就是十个百个日本帝国主义者，他们那个灭亡我们吗？威吓我们吗？

讲到这里，却又不能不回头看看现在一般的情况。就我所看到的，在这一种局面之下，我们的行政机构，教育制度，还是在不生不死的状态之中，几十年来，几百年来，大家都是生存在这种不生不死的状态之中，所以国家才会有今日，才会有今日被敌人侵略的严重局面，几几乎要做亡国奴，几几乎要走上国亡种灭的道路上来了。而大家现在是不是都决定了这一个态度，就是要生就要痛痛快快的生，要死就要轰轰烈烈的死，拿这一种决心来死中求生，死里得生呢？现在有很多人说，我们要抗战，我们要革命，究竟事实上革了什么命？那一件事情不是因循下来的，那一种办法不是传统下来的？到处都是充满了保守因循的习气，新的形式里依旧是旧的组织，旧的状况，旧的习惯。要讲到改革，马上问题就来了，马上障碍就来了，马上就要你动弹不得！大家想想看，在这种情形之下，在这种不生不死的状态之中，旧的氛围不能打开，旧的势力不能铲除净尽，以这一种社会，这一种组织，这一种人事，这一切一切腐败守旧不长进的情形，怎能谈得到挽救危亡，争取最后的胜利？

要求一个转变

可以问大家讲，我一向是一个办学，练兵，打仗的人，对于地方政治很少研究，甚至可以讲，向来是没有打算过的。到了湖南以后，只有个把月，为期不久，但是耳闻目见，觉得目前这种社会状态，到底不是可以应付伟大时代的社会，到底不是可以支持长期艰苦抗战的组织。大家看，那一样不是平时的状态，那一样不是平时的机构？这样前方打仗，后方一切还是如常；所不同的，就是敌人飞机一来，只见人山人海向郊野中逃命，像这样国民的常识，这样国民的精神，能够不受敌人的征服吗？我自己看到这一点，大概大家也看到这一点。许多人何尝没有看到这一点？但是终究给"安土重迁""因循旧习"的传统精神所陷，这一种毒深中了人心，不只一般国民，就是一般领导国民的知道分子，连我自己在内也都中了毒！

讲到教育方面也是一样。临时大学的课程改革了没有，我不知道，我所知道的是所有中小学的课程，都依旧和平时一样。依旧和三年前五年前，乃至十年前一样，我觉得这是太不合理了。我就下定了决心要改革这一点，我计划在湖南发动知识分子，分布到湖南全省做领导民众的工作，这不是一个空洞的理想，而是改革社会救亡图存的革命的办法。但是一提到要把所有高中以上学校停办，所有高中以上的学生通通下乡去做领导的工作，革命的工作，就有人很不以为然。还有人说：这是国家教育，我们还要准备上"最后一课"！我知道科学的重要，工商业的重要，教育与国家关系的重要，但是在这样非常的时期，还要保持着一成不变吗？

我以为这一个大计划的根本精神是适应战时需要，把学校教育一部分的制度改革一下，这并不是停办教育。我的意思是要国家很多优秀的青年到民间去做点实际工作，去寻求服务的经验，也就是去报效国家。试问：在这一个国家存亡危急之秋，我们口口声声喊全民的动员，而我们还把这些青年关在学校里不让他们去致力国家，这是不是合理的？我想：如果我们一二年内大翻身，那大家还不是各回各的老家去，各回各的母校去读书，譬如你们南开的学生可以回到天津去，北京清华的学生可以回到北平去，照样地优游岁月，大家也不必搬来搬去做着变相的难民！大家如果在非常时期还要保持平常的办法，那不仅会感觉到不能适合，而且自己想想也觉得有过不去的地方。所以，我以为适应战时需要，应该是抗战时期一切设施的最高原则。

改革一切的机构

我说：一切机构我要改革，我要把一切平时的机构改为战时的机构，我要把湖南省政府改为一个总司令部，所属机关公务员都成为战斗员或者幕僚，我以为惟这样才能尽到战时政治的职责，战时政府的职责。可是又有人讲，省政府究竟是省政府，公务员究竟是公务员，人民也到底是人民。这样因循守旧，这成什么话？时局已经到了这样非常的局面，我们牢守平常的办法，如何应付得了？我们不用革命的方法，革命的手段，我们怎样能够改革一切，改造一切，怎样能够谈到支持抗战，谈到战胜敌人？最后胜利那里是一个符咒，是喊几句口号，贴几张标语，马上就可以变得来的？我们不从最根本最重要处来努力，试问所谓最后胜利究竟有什么凭据，有什么把握？老实讲，如果我们没有决心，没有果断，还是故步自封，蹈袭故常的话，那只好等待亡国，等待做亡国奴，或者准备日本人来了，大家就背了行李向深山里逃命。像这样子，我们愿意吗？我们做知识分子的，做领导民众的人愿意吗？当然大家不愿意的。但是有很多人又是站在一个矛盾的地位，一方面要抗日，要求得最后的胜利，但是一方面仍然依恋于平时的状态，过这不生不死的生活，这就是我们民族不长进的地方，也就是我们几十年来所以不能迎头赶上世界的进步，终于一天一天落伍，一次一次失败的真实原因。这一种心理习惯之毒害，大家是不能忽视的。我以为我们革新中国，第一步就要斩除这个心理的病根——这一种有着几千年历史根深蒂固遗害无穷的守旧的不进步的心理！

前天蒋梦麟先生来看我，因为彼此都很熟，所以大家谈话也没有什么拘束。他说："临时大学有七八百个学生，现在怎么办？"我说："你预备怎么办？"他说："打算迁移到别的地方去，但是没有汽车，没有轮船。"我说："这样是有两个办法，一个办法是不迁移，临时大学的学生全体参加我们湖南民训的工作，一个办法是要迁移，就不要希望汽车轮船，只好凭着大家两条腿走路去。两条腿走路，也可以认为是一种训练，一种教育。"结果，蒋先生便采了一个折衷的办法，说回来征求各位同学的同意，愿意迁移的学生，就跟着学校到别的地方去，不愿意迁移的学生，就留在湖南参加民训工作。但是临时大学究竟迁移不迁移呢？我没有过问。不过我的意思哩，是不赞成你们迁移的。如果说要迁移，迁移到什么地方去呢？迁移到贵阳好不好，迁移到昆明好不好，敌人能到长沙，难道就不能到贵阳吗？敌人既能到贵阳，难道就不能到昆明吗？我总以为这不是办法。

抓住一件事情就干下去

那么，我们怎样办？我们现在究竟怎么办？我只能提供一个原则：我以为在这时候，我们抓住一件事情我们就干下去，用不着什么踌躇，也用不着什么顾虑，我们只要下定决心，把平时生活转变为战时生活，把平时状态转变为战时状态，决心迎着战争，决心迎着必然就要到来的新时代苦斗下去，我相信就没有什么迟疑审顾的地方，如大家仍旧因袭平时的心理，一方面想求生，一方面又怕死，我就没有两全的办法！古话说："偷生不生，誓死不死。"这句话，实在是可以要我们深深觉悟的！我以为我们只要抱定破釜沉舟有死无生的精神，我们就可以摧毁一切，建造一切，就可以摧毁旧的习惯，旧的心理，旧的组织，旧的制度，也就可以把我们所需要的战时新制度，战时新生活建造起来，这样我们一定可以得到最后的胜利，一定可以以我们的精神来制胜敌人！

希望热血青年助成改造湖南的大业

今天我和各位同学讲的这番话，完全是一种空话，但是我要告诉大家，只要你们有这个决心，能够本着这个决心，有果断，有担当去做，一定可以把我这番空话变成实话，一定可以把我这个理想变成事实。我可以顺便告诉大家：我到湖南来是做事，不是做官，我一定要使我自己对于我所负的责任，我所接受的使命，都要当之无愧。在我的责任上，我是要把湖南三千万同胞发动起来，领导起来，来做我们抗敌自卫复仇雪耻收复失地的基础。我很希望一般热血的青年能够助成我们的大业，也就是国家民族复兴的大业。像目前这种不生不死的日子，我们有一点热心热血的青年实在忍受不了。那么，我们究竟怎么样？我希望大家多多地去想一想！

选自《张主席言论选集》，湖南省学生集中训练总队政训委员会一九三八年八月印

// 云南省政府训令

（祕二教总字第八七三号）

令教育厅、省立云南大学：

案准

湘省府张主席铣电开：

“兹派本府参议黄师岳率领临时联合大学学生三百人，于十八日由长沙沿湘黔滇公路徒步前赴昆明开学，特请转饬贵省境内沿途军团于该生等经过时，派员护送，俾策安全，并饬沿途各县政府预购给券，仍由该率队团长给资垫付为荷！”等由，除电饬沿途经过各该县县长妥为护送，并令省立云南大学、教育厅知照外，合行令知照！

此令！

主席：龙云

中华民国二十七年二月二十一日

选自《云南省政府公报》一九三八年第十卷第二十三期

// 勉徒步入滇的大学生

求 闲

据最近汉口路透社访员报告，北平三大学的男女学生，现在流行一句口号，就是“走到学校里去”。他们由教授陪伴着，准备从长沙出发，一直走到云南省的昆明，在这里，是他们的新大学所在地。这是一个漫漫长途的行程，要经过湘、桂、滇三省的山川，需时非一个月不可。

我们看到上面一段的短讯，心里着实高兴，希望他们坐而言，便立刻起而行，攀过一山又一山，不分男和女，大家一齐向前进。贴标语，呼口号，固然不是道理，干两个月军训，演救亡歌剧，也不是办法。我想，今后的青年，要从最小的地方做起，就是先把自己的身体锻炼得铜墙铁壁似的。其次要研究切合实际需要的科学，范围愈小愈好，切忌博而不精。譬如说要学造飞机，就把飞机内部精细结构，分为若干部门，每人只要学会一样，成为一个小专家，然后集若干小专家之力，而飞机才可翱翔于碧空。

我还要劝他们穿得坏，吃得坏，两套校服，不妨度过春夏秋冬，一个大饼，可以对付半天。试问：在这个时候，豪华的生活，是不是应该我们享受？写到此处，我应该赞美日本的大学生，他们老是一套制服，甚至于赤脚穿皮鞋，而耐劳苦读的精神，蔚为风尚，决非哥仑比亚的时髦少年，牛津大学的翩翩绅士所可比拟，更何况我们浮浅狂妄的一群大学生。

“走到学校里去”，你们既已下了决心，你们应该得从起步之时起，葬送着过去的一切，大踏步去迎着未来的光明！

选自《上海人新闻周报》一九三八年一月二十九日第五期

// 从长沙徒步到昆明的日记

金　五

长沙临时大学奉教育部令迁往昆明，迁移的方法，首先是预备全体师生皆出海道至滇者，后教育部以此有碍观瞻，于是学校方面乃变更办法，分两道走。体格强健而能徒步者，则循京滇公路徒步至滇，路中一切费用，全由校方担负。体质欠强者，则由海道赴滇，路中费用除学校每人津贴二十元外，其余费用，须由自己担负。本来游历各地是我的奇嗜，香港，安南，广州等地我没有去过，湘西，贵州等地我也没有去过，我到底先游内地呢？还是先游香港安南呢？不过我想：湘西贵州匪氛甚炽，个人旅行为事实上所不允许。这次学校方面预备以行军的形式，徒步旅行赴滇，机会当然可谓空前未有，加以就现阶段讲，中国是一个弱国，弱国的人民旅行于帝国主义的领土内，我觉得不大好。因了这几个原故，加以经济的关系，所以我毅然决然的预备徒步了。

十三日 星期日

上午到学校里看学校公布的准许赴滇就学学生名单，名单上有我的名字，我非常快慰。因为这个名单是根据上学期的成绩的。设若成绩没有及格的话，学校里是不津贴路费的。

看完了榜。到注册组去办理加入徒步团的手续。照格式填好了表，到旅行团团部去报到，报到号数是261。

从学校归家，顺便到青年会听郭沫若先生演讲。听郭先生演讲的人数很多，会堂都挤满。郭先生是一个诗人，他讲话的气概，正像他的诗一样，非常豪迈，讲话的声音很大，也很有节奏，一种略带四川音调的声音飞散着，热情而中肯的爱国情绪，扣紧了个人的心弦；有时当他的右手臂用力地举起时，像冲锋的号音杀进一群战士的耳朵似的，立刻会使各人的筋肉紧张起来。

听众都希望郭先生能够多讲一会，可是郭先生并不这样，不到两个钟头，就讲完了。我随着鼓掌声踱出大门口，门口外立着一个布告，布告上写的是明日十时临大学生自治会与湖南文抗会恭请郭先生在银宫影院演讲，希望各界民众前往听讲。

十四日 晴

上午送不能随身携带的行李到学校里，再由学校由香港运至昆明，每个人的行李不准超过25公斤，幸好我的行李没有超过这个限度。

十时左右，我们这个旅行团的团长黄师岳先生在圣经学校前面大操坪训话，黄先生是湘省府参议，曾做过国军中将师长，这次奉湘省府命令送我们到昆明去。他年纪很老，但说话的声音却很宏大。他说话的内容分两方面，一方面说临大旅行团步行入滇就学是富有历史性的，中国历史上长途旅行共有四次，第一次是张骞之使西域，第二次为唐僧之赴印取经，第三次为郑和之下西洋，第四次就是本团的这次旅行了。其他一方面：本团此次旅行将经过湘西贵州等地，湘西贵州苗民甚多，考苗民与汉族接触时间甚早，可是因过去为政者未尝注意的原故，苗族同胞仍是过着原始的生活，此次本团同学经过斯地，亲眼考察对苗族同胞生活怎样改良，怎样使其教育普及，必有很伟大的贡献。

最后，黄团长告诉我们一些关于徒步旅行的经验，他说，走路以后，洗脚要用冷水洗，并且走路的时候要打裹腿，在未吃早饭以前，饮开水一杯，可一天不口渴。

黄团长演说以后接着就是编队，临大同学参加徒步的约二百余人（走海道者五百余人）分为两大队，一大队分为三中队，一中队又分为三分队，每一分队一十五个，分队长，中队长，由同学选任，大队长由学校派军训教官兼理。

本团单位除两大队外，又有团本部与辅导委员会，团本部设有副官与医务二处，副官处有会计二人，医务处有大夫三人，此外每一分队每一星期轮派一同学到团部服务，服务的范围分参谋主任，宣传参谋，设营副官，与采买副官等，此属于临时选派性质者。此外又有几位在团本部永久服务的同学，他们服务的性质是保管旅行图书，写作旅行日记，司听广播无线电等。辅导委员会他的职权是指导学生如何考察与研究。有时候他也可以代表学校当局，是由几位教授（黄子坚先生，李继侗先生，曾昭抡先生，袁复礼先生，闻一多先生）及几位教员组织而成的。此外又有一位汉口《大公报》记者齐长城君随我们旅行。

关于同学伙食方面以大队为单位，由各分队每星期轮派一同学组织一经济委员会办理之，经济来源是学校发给，每一同学每天共四毫，此外每一同学每天学校发给杂费二毫，以作购买草鞋等件之用。

十六日

昨晚到木牌楼毛云福栈看父亲，他老是那样诚恳的叮咛着我注意旅途的卫生，并且要我沿途作日记，将来到昆明后再邮寄他老一阅。

上午十时到学校里307教室听徐大夫讲旅行卫生，徐大夫曾服务湘雅医院很久，此次将随我们徒步到昆明，抵滇后，或就任临大校医云：他说贵州为瘴气之地，瘴气为疟疾的一种，预防的方法在吃金鸡纳霜丸，他又说旅行时所最易犯而最危险的病是伤寒与肺炎，幸好大多数的同学都打了伤寒预防针。没有打的同学最好是赶快去打。

徐大夫讲完了以后，毛参谋长洪讲解队形的变换与集合。因为我们这次旅行团的组织，是完全军事化的原故。

晚上彭君来访，彭君为我中学同学，一别两年，忽然相见，甚为欣慰。

十七日

十点赶至学校补打伤寒预防针，因为昨天校医是那样的叮咛着我们注意伤寒的原故，打完预防针正预备归家，碰了粟君，他约我一同到湖大去辞别几位同学，我同意了，于是一同出发，将近过河的时候，空袭警报响了，接着紧急警报又响了，我们不能不稍稍躲避。长沙自从张主席治中主政后，虽然有了高射炮等的防空设备，但是公共建筑的防空壕却不多见，我们既没有防空壕可躲，只好借重于民房了。紧急情报响后不到十分钟，日本飞机来了，一时敌机掷弹轰炸声与高射炮射击声齐鸣，诚壮观也。敌机轰炸长沙这是第三次，第一次轰炸火车东站，敌人炸弹投完了，我贤明的防空情报所方放警报。第二次我正在返省途中，没有亲见敌机的肆虐，今日的轰炸，虽使我饱受惊恐，但是从此以后，知道敌人的飞机并不怎样可怕，只要我们有相当防空设备的话。

下午从湖大访友归来，路人谣传今日敌机被我击落二架，晚上《商事日报》因此事而发有号外云！一架落于春华山，一架落于浏阳县某处，市民皆鼓掌称庆。

十九日

学校里原定昨天用轮船送我们到常德，再由常德开始步行的，可是因了种种事情没有筹备好的关系，只好改到今天上船，明天五时开船。

大约是下午三点吧，拜别了父亲，坐车到圣经学校，去听省府秘书长陶履谦先生的训话，刚走到校门口，只见操坪里站满了背着张主席送我们的干粮袋与水瓶的同学们，他们多英武啊，是那样雄赳赳的我不禁也把我的粮袋水瓶背上起来加入他们的队伍，静听陶先生的演说，陶先生说前清时代知道分子未闻有失业者，迄至教育制度改变以后各学生的毕业即是失业，这种现象的最大原因是由于知道分子的集中都市不肯下乡工作的原故，临大旅行团同学徒步到昆明去就学的最大价值即在此点云。

陶秘书长讲完以后，我们各自的上船，上船的地方是洪家码头。

二十日

昨晚挤得要命，睡了一晚，脚简直没有伸直过，好在时节还是春初，不然的话，今天或许热得没有人了。

天刚亮，希望开船的汽笛声叫着，可是因了某种关系，船迟至下午七点始开。开船的时候，对于我久居的长沙不禁有点依然了。

长沙——我的第二故乡，不，我的第一故乡——真使我留恋不舍，它有高耸的岳麓山供我们漫游，有古老的天心阁供我们瞻仰，有伟大的英雄墓供我们凭吊与景慕，它简直使我留恋到留下泪来。

天渐渐黑了，船慢慢的走着，不油然地使我回想到昨晚拥挤的情景来，我预备搬到船边去睡，一方面自己免得挤到睡不了觉，他方面，可以减少他人的拥挤，但是，刚一搬到船边，猛烈的寒风把我吓怔了，无法，只好搬到原地方来。可是，因搬走的关系，原先小小的一块地方，又被睡在旁边的同学无意的占去了一大半，因为这位同学睡熟了，不好意思叫醒他来，只好坐起来，写日记，想消磨这一夜的时光。

二十一日

我们的轮船走得很慢，走了一天及半晚的时光，还仅走到八字义。

在过去的旅行，舟车慢速率的进行，是使我感觉相当烦闷的；但这次却不然了，不独不使我感觉烦闷反而增加我的兴趣，因为这样长距离的旅行，并有这么多的旅伴，一生能有几回呢？又安得不使我们希望这个旅行的时间多多的延续呢？

白布缠头异样装，
一般风味说三湘，
轻舟破浪来何急，
叫卖殷勤客事旁！

路上有许多村女驾着小舟做着各种各样的小生意，她们有时候也做做渡划生意的。

这班村女们在和暖的日光下，平静的湖港间，驾着一叶扁舟，虽天上的神仙也没有她们快乐呢？

可是事情真出乎意料之外，当我与她们闲谈的时候，她们无不充满了悲伤的怨声，她们怨伤的凝结，多半是吃饭问题的不得解决，家庭负担的过重。

晚上，团本部公布此次旅行的计划，规定一天至少走二十公里但不得超过三十五公里，预计从常德到昆明须走七十一天，共经二十六个县城每个城市休息一天，（贵阳休息三天）所以实际只步行只有四十三天。共一六七〇·七六公里。

二十二日

上午十时，船到了干溪港，水浅了，船不能到常德，我们只好折回益阳，再由益阳开始步行。

在长沙出发的时候，我们都每一个人打一个行李，重量学校里规定我们不得超过十公斤，可是同学们都没有遵照这个规定，所以团长命令每两个人合打一个行李将途中不须用的物件两人另合打一包，由原有轮船运至常德并每一分队派一人照管之。

大约是下午四点吧，船到了离益阳县城三里的清水潭，水是这样的浅，我们连益阳县城都不能坐船到达了。

同学们吃晚饭后，都三五成群的到县城去参观，与我同去的有季齐诸君。

益阳县城交通很便利，陆路有汽车路到长沙、沅陵等地，街道多半沿江成直线形，分头堡，二堡，三堡，头二堡尚热闹，三堡较冷落，长约五六里。水路水盛时小汽轮可达离县城九十里的桃花江，在平常普通汽轮亦可直达益阳县城。河流则属资江，河过不甚宽广，河水清澈呈碧绿色，四围山景，更玲珑可爱，山水留恋不忍舍去。

此外教育亦颇发达，对河桃花岭，以前办有一信义大学，后以经费困难改办中学（闻是校之初中与高中主办人各异，一为挪威人，一为瑞典人云）除信义中学以外尚有一龙州师范学校（学生毕业后，多从事县中小学教育）后因国难关系，自他地搬来之兽医学校与涵德、尉南等校。

益阳因商业发达的关系，曾放过几次防空警报。他们放警报的方法是鸣锣。

游罢归到清水潭，时候已是十点，今晚一部分同学宿在原有的船上，一部分住在岸上的民房中。

二十三日

天下雨了，我们仍得动身，从清水潭到益阳汽车站约有七华里的样子，我们于十时许即到达了。因等车运行李的关系，至十二时始向军山铺出发，军山铺离益阳县车站约四十华里。四十华里在一群初徒步的我们要在一下午的工夫走到，本来是一件吃力的事情，何况今天下着濛濛的雨儿呢？所以我们的队伍走不了十又几里路就零散了。

到达军山铺时，同学们的脚都起泡了，这怎么办呢？只走得一天，脚就起泡了。

等校医到了以后，同学们请其医脚泡者如山阴道上之多，校医一一将泡弄破，再用消毒药品消毒，并且解释脚起泡是徒步常有的事，以后走惯了，自然不会起的。

晚餐吃得很迟，睡的地方又如此的拥挤，我不得不愁念着今晚的睡眠。

二十四日　晴

果然，昨晚几乎没有睡觉，所以今天精神极不舒服。

早饭后，黄团长训话，他要我们行动须严守时间，前进须整齐队伍。

团长训话后整队出发，昨天第一大队走先，今天该第二大队走先了，因为黄团长说：集体行军的时候走先的比较有力而利益须平均享受的原故，不独大队如此，中队也一样昨天是按着第一，二，三中队行进的，今天则照第二第三第一的序列行进，到了明天则照第三第一第二的序列行进。

今天宿营的地方在太子庙，太子庙离军山铺约五十华里，因时间较昨天长的原故，所以走起来，比较舒适。

到达宿营地后，坐在溪边洗脚，一老者很诚恳的告诉我，要我不要用溪水洗脚，因为用溪水洗脚是要害病的，我谢谢了他，并且解释用热水洗脚为事实上所不允许，老人听了我的话以后，不做声的走了。

二十五日

旅行的生活渐渐地有纪律了，当天还没有亮，我们已经洗好了脸。

出发的时候是八点十分，下午三点即到达了宿营地——常德石门桥，但是我们的行李是不是像昨天一样先我们而到呢？在昨天运行李的汽车有两辆，今天可不同了，因为我们的汽车夫偷了停放在路旁一架破汽车的零件，事情被旁的汽车夫发现了，我们的一架汽车的零件反被他们抢去了，所以今天只有一架汽车搬运行李，其他一辆须待配好零件后，方能行走。

今天天气间晴间雨，这不是春到了的象征吗？我们真快活旅行在这美丽的春天的怀抱中。

路旁有许多妇孺提着小篮，小篮里装了一些零星的食品，她们一言不语的站在那里静待着过路人的购买。她们不像旁处小贩一样的叫喊喧嚣，她们幽默，她们自然，她们确实增加了这副春的图画的美丽不少。

写到这里，不禁记起了昨天离开军山铺的一件事来。

前晚，我们到达军山铺的时候，疲惫极了，不管谁家的门口，就席地坐起来，一群刚从山里工作完了归家的小孩好像有什么引力似的，马上围了我们起来，他们可爱，他们没有城市小孩那样恶习，他们天真，他们的体格，真的强壮，他们确实是未来中华民族勇敢的战士。我们不知不觉的感觉到：我们应该趁此机会灌输他们以爱国的观念，一会儿，我们当起他们的音乐教师来了，说也奇怪，他们的智力并不比城市中的小孩来得差，不到半小时的工夫，他们也能唱起“同胞们，向前走，……”等救亡歌曲了。

大概是我们对他们的印象太好了的原故吧，第二天当我们动身的时候，十数个活泼的小孩，排着队伍放着鞭爆，在那里欢送我们，我真的兴奋极了，不知不觉的套着冰心的老调，默念着“金五何福”呢。

二十六日

今天比昨天起得更早了，我觉得这次长期的旅行，一定能够养成我们早起的习惯。

从石门桥到常德县城据邹大队长报告说仅十八华里的路程，所以我们都鼓舞着前进，以为不到两个钟头就可到常德城了，但事实并不这样，走了两个钟头，三个钟头仍旧没有到达常德城。我们怀疑，一小时的速度为甚么这样慢，后来问问老百姓，才知道从石门桥到常德有三十多里路远呢！

十一点多钟到达常德汽车站，团长集合我们训话，长者之言，实在有使人注意的必要。

车站两旁新造成之西式三层楼旅馆甚多，惟自上至下，都是木料，旅客到此住夜，二层楼房间，每夜四角，三层楼房间，每夜五角，铺被尚清洁，如自带行李，则每间并不限制人数，吃饭如在楼下则每客两角。人数较多，尚可用经济办法，假使有八人吃饭，可嘱开客饭五客，计价一元，再开光饭三客，每客五分，共一元一角五分，否则要一元六角。避难的或行远的旅客，自不得不打打算盘。假使长住，尚可购买柴米自烧则每天两角左右也很可维持了。

常德城在沅江对岸，须过河，河道很宽，可与湘江相伯仲，故此地水道交通甚便，水盛时，汽轮可上溯桃源而至黔东，下通荆汉，衔接长江。

常德市街广大，其中以中山西路，中山东路临沅街等处为最热闹，各店家晚上关门都很早，且内容亦不见得怎样充实，想是受了战争影响的关系。

市面货币与长沙相差不远，外省纸币如湖北银行等币都可通用，所不同者，市上铜元以价值五十文之川币为最多，是项铜币曾以零找困难关系，作八折使用过，现在则已恢复原状云。

此地教育也很发达，中学有省立三中、县立常德中学与女子职业学校等，私立有隽文渔父等中学，其他有精勤敬业等补习学校，此外更有国医学校一所。我们今天所宿营的地方，即在县立常德中学，此校设备虽比不上长沙之中学，但县立中学能够如此，也很不错了。各学校大概还没有开学，因为街上来往的学生很少看见的原故。

晚上，我们有一个由娱乐委员会组织的演讲会，参加的人很多，演讲的有黄团长与黄子坚先生的报告，袁复礼先生的旅行回忆，李继侗先生的从湖南到贵州的森林概况。

二十七日　晴　休息

今天起身较迟，大概是上午七时吧，太阳已出来多时了。

洗脸后，到县立卫生院去打第二次预防针，因为此地及沅陵等地霍乱病甚为流行，我们虽然在长沙出发以前打了一次，可是据校医说预防针是要打三次的，假若打了第一次，而不继续打第二次，三次的话，第一次可以说是等于空打的，所以我也只好去打了，因为此地医院设备多不大好的关系，针头很粗，所以打的时候，较第一次痛多了。

此地名胜有春申君墓，屈原庄，玄都观，沈约台等处，惜以时间不够，不克往游，甚为憾事也。又据同学们说，此地有俘虏若干人，亦以时间关系，未克往观焉。

晚上，口甚渴，约数同学赴茶馆喝茶。此地茶肆甚多，茶价亦甚便宜，通常各茶肆只卖茶，而不卖食品，此点颇与长沙不相同，与武昌各茶肆则甚相似。

二十八日

常德的肥鸭很有名，今天早晨我们的唯一美味就是斯菜。

因为昨天打了预防针的关系，同学们都不能走路，所以团本部决定今天坐小汽轮到桃源。

船开的时候，大约是九点钟，不到四个钟头，船即到了离桃源八里的童黄州，因为水浅的原故，所以船不能直到桃源，我们只好由此处登陆步行到桃源，打了预防针，真不舒服，短短的八里路，好像行几十里路一样的吃力。

桃源县治在汽车站对岸，街道也还宽广，和常德益阳一样，也有电灯的设备，生活程度极低，每月六七元，即够维持了。

此地桃源石和浏阳的菊花石一样，很负盛名，制成的玩具图章，都很玲珑可爱，街上有专门卖这种石头的铺子，我和几位同学各买了几颗图章石以作此行的纪念。

将回家的时候，顺便到茶馆坐了一会，同坐的有一位战区逃难的同胞，他对我说：他很希望他能够在这里找到一件能维持生活的工作做做。

我们今晚的宿营地离桃源汽车南站不远，晚上与一位年约八岁的小孩闲谈，这位小孩很聪明，体格很强壮，可惜他纯洁的脑海里充满了“恐日”的思想。我内心在推断，此地一定有汉奸在活动着，不然的话，思想纯洁的小孩决不会如此的，敌人的特务组织真利害，连这样小小的一个地方，他们都注意到了。

三月一日

据说，从此以上，渐渐的有土匪了，我们不免有点胆寒心慄，为的是我们这五尺有用之躯，应该留作战死沙场上用的，假若不幸，这样无辜的死于绿林朋友手中，我觉得未免太可惜了呢！

天气很热，也许不久将会下雨了，不然的话，此地的气候，一定较常德以下各地方热多了，这也许真的，因为这里的杨柳较我们经过的常德，益阳等地的杨柳青多了呢。

路上很多的农民穿着红色的上衣，这或许是本地的特殊风习吧。

是十一点钟的时光，我们到达了桃花洞，说起桃花洞，谁也会回想到陶潜先生的“桃花源记”来，桃花洞离桃源县城约三十里，正在公路旁边，里面有碑林，有寺宇，有老潭，有寺树，风景之佳，真够人消受了。

今天在离桃花洞三里的秦家驿打尖、郑家驿宿营，照旅行的计划，明天该在杨溪桥进午点，毛家驿住宿了。

三月三日

天果然应着昨日的预征，下着毛毛的雨儿了，我们冒雨前进着，到达宿营地张家冲的时候，是下午四点。

本来，我们今天预备宿营离张家冲五里名叫官庄的，因为官庄，中央军校十四期学生住在那里，（中央军校同我们一样，步行入川，我们可一直同路到沅陵，到沅陵以后，才再分路）我们只好改变计划，宿营此地了。

同学们都在传说：此地土匪预备与军校开火，我又惊又喜，惊的是今晚生命难保，喜的是，我们今晚或许可亲临战场了。

我们虽然受着惊骇，惊骇着土匪的到临，同时也挨忍着寒冷，因为我们的行李是到得很慢，行李到的时候，天将近黄昏了，今天打开行李一看，这却使我们难受了，不独被窝都湿透了，连棉大衣也湿得不能再穿，这怎么办呢？到民家去烤烤吗？天又这样晚了，今晚不睡？明天又要走路，我们无法，只好和衣睡着，生病与不生病，是无法顾及的了。

三月四日

离官庄不到三里地，山路渐渐纡曲难行，听说从此地到沅陵须经过四大岭云。

下午五时许即到达宿营地，因路险难行，运行李的车辆又少之故，我们的行李到十时廿分方到，同学们大都疲倦极了，而又得不到休息，故皆叫苦连天，我们这一分队还好，因为我们这一分队所住房间的房东待我们还不坏，给我们以柴烧，围炉杂谈，亦颇有味道。

行李到后，同学们都预备睡觉，邹大队长忽低声的报告说：今天有土匪三千已于上午十时过河，目的不知在我们，还在军校，设若在我们的话，我们只好抱定不抗抵主义，他们要甚么，我们给他甚么好了。

同学们听完了这个报告，表面上似乎很镇静，骨子里恐怕谁都充满了惊恐呢！

我除母亲给我作为学费的两个金戒指及法币三十元外，身无余物，故除将两个戒指置于充满茶水之水壶，以防免万一外，余都处之泰然。

谈到土匪，我认为是现阶段抗战期中的一个最严重的问题，因为土匪是风吹两边倒的，我们势强的话，他们可以服从我们，如势弱的话，他们可以帮助日本来打我们自己的。

三月五日

幸而昨晚土匪没有光顾我们，然而我们也够惊惶了，黄团长因为要借军校同学保护我们的原故，不顾我们的睡眠充足不充足，命令我们起得很早，跟军校同学一块走，我们当然只有遵命。

今晚的宿营地是在凉水井，但军校的宿营地也在凉水井，所以沿公路的民房都被他们占去了，我们只好住在离公路二里许的村庄中。

因为行李要自己搬二三里路的关系，同学们有些主张今晚继续前进，到达沅陵再宿营，可是因了某种关系的原故，今天仍旧宿营此地。

今天所走的路，更高峻纡曲了，但因了纡曲的原故，所以从昨晚宿营地到达沅陵，若走小路时，可近二十多里。

三月六日

凉水井到沅陵县只有二十里，所以我们不到三个钟头就到了。

此地风习不甚开通，妇女多重贞节。据一位老者谈及，离此地不远，近数日曾发生一命案。发生此命案的原因，为甲族的某少年与乙族的某少女发生苟合的事情，于是甲乙两族群将此对青年男女置于死地云。

又据云此地少女，大都不准出闺门，街上男女并肩而行者，视为奇事，然自战事发生远地摩登男女来此避难者甚多，青年男女并肩而行者益日渐增加，民气因之稍稍开通。

但此地妇女们体格却很强壮，她们能够担负一百多斤，但她们担的方法与旁的地方的担法不同。她们是以一个有绳的竹篮背在背上，然后以欲载之物置于篮上。篮有时虽比欲载之物小，但欲载之物她们不一定把它放在篮内面可以放在篮上背运的。这虽然与女人的健康有相当妨碍，但为着便利计，也是无可如何的事情。她们也能耕田，耕田的时候，一路背着小孩，一路在田里工作。她们生活很苦，有时候她们担上四五十斤炭，走了五六十里路，也卖不了五六毛钱，汽车站的挑夫都是她们充任，一肩行李不论行程的远近，都是一毛钱。

至于她们的丈夫呢？他们多半抽鸦片烟。他们不能自己生活，须得依赖他们的妻子，当然也有例外，不过这种情形，占大多数罢了。

三月七日

此晚沅陵水警局曾被劫，枪声一夜未曾停止。沅陵为湘西重镇，尤其在抗战期间所居地位，尤为重要，而匪氛如此猖獗，不免为湘西前途悲。

据云：此地土匪不独只是贫贱无归者的职业，连富裕者流亦有操之者，他们认为这是升官的捷径，发财的机会。

听说，湘省政府有收编他们的意思，我想这是急不容缓的一件事。

为着防免万一计，将母亲给我的法币三十元，付邮至昆明，汇费共八毛七。

此地街道不及常德益阳热闹，没有电灯的设备，可是市面金融却很活泼。记得在长沙，自从法币通行以后，我们口袋中没有百枚以上的铜元存放过。当你想用五分或一角的法币去买三分或四分钱的物品时，非使你向卖主说尽了好话不可。可是到了沅陵事实就不同了，当你渡江时，一角钱也好，五角钱也好，他总有法找零钱给你，并且所找的不是常德所用的川币，也不是到处皆有的纸币，而是乡里老百姓最爱使用的铜元。

下午到卫生院去打第三次伤寒防御针，据该院的医生说，沅陵副业虽不甚发达，可是娼妓却相当的多，计登记者有二百余人，其他未登记者约三百余人云。

十二日

连落了四天雪的天，今天忽然晴了，我们以路上匪氛甚炽的关系，预备坐汽车到晃县。上午五时即起床，迟至十时半始开车，车到辰溪，忽然坏了，只好暂时休息以待他车来换，可是等了好久，还不见再来。今天大概是不能到晃县了，我是这样的想着。

下午到邮政局去送信，见两老者在那里谈话，有一老者说："我们每一月只赚三元钱，除了自己衣食以外，又要扶养三个人，现在又要什么壮丁费一二角，征工费四角呀，真难受了。"我听了十分诧异，跑到他们跟前去问，他们似乎有点害怕，不作声的走了，后来听见人家说，芷江预备修什么工事，所以要征数千工人，现在征到辰溪来了，计每家一人，不出工的可以用四角钱去代替。

此地的煤矿公司有两个，一个是惠民公司，一个是合组公司。首先去参观的是惠民公司，惠民公司是股东制，所占煤田共 4705 公亩，资本很少，只三千元，每日出煤 20 吨，开煤工人只有四十二人，运输的方法全靠水力，春夏水涨时，五天可以到常德，运费从二角四五到三角；但到水落时，则要八天，运费则自三毫至三毫八。但惠民的煤是售给合组的，合组也是股东制，于民国十五年才开办，因为当年湘西发生饥荒，政府开设此公司以救万一，是公司煤田共四二〇〇公亩，实本较惠民大多了，共十万多元，每日产煤约二十多吨。运路多由水路，大概由此地运至常德，每公斤五元，成本约每公斤七元，但是因为滩多水急，船每易翻落，大概有十分之四的确率。

十三日

今天我们继续乘车出发，上午十点钟的左右，我们到达了晃县。晃县为湘黔交界之县分，宋置州，清置晃州，直隶府，民国改县，县治原在兴街对河，汽车东站附近，后于民十七年搬至离车站三里之龙溪口。龙溪口商业虽较旧城热闹，但仍敌不过我乡一大市镇，街上洋货特别贵，且有时候，简直买不到洋货。土货则甚便宜，钱币以川币为主，每元可换铜元七串五百文。贸易采集市制，集市的日期为阴历初四，初九，十四，十九，廿四，廿九。集市的时候，各地乡民以他们所有的土产物携至市上去贩卖，贩卖的东西最多的是桐油，桐油每担约廿五元左右，运到常德可卖到廿七元几，但此地的秤较常德大几两，所以从表面上看来，做桐油的商人们似乎没有赚钱，实际上，他们是有相当赢利的。

十四日　晴

今晚上我们举行一个娱乐会，娱乐的节目有同学们的清唱游戏，教授们的讲笑话，故事等，曾昭抡同袁复礼两先生讲的都是关于旅行蒙古的回忆。闻一多先生讲的是关于桃源的桃花洞，闻先生说："桃花洞并不是关于陶潜的'桃花源记'里的桃花洞，因为从很多的古代近代歌谣看来，桃花好像是象征男女间事然者，据传说，桃源以先曾有一石，形状像女人的阴部，同时桃源有一洞，假设以那块像女人阴部的石头塞住那个洞的话，女人便将有不能小便的危险，因了这个原故，在很古时候的桃源的女人，或许是很风流的。加以当我们在沅陵的时候，不是觉得沅陵的妓女很多吗？而沅陵的妓女听说又以桃源的女人为最多，由这一点看来，桃源女之风流又可得到事实的证明了。后人假托而建立是洞亦未可知云。"

闻先生真不愧是一个研究文学的人，当我们游览桃花洞时随便逛逛就是了，那里想到这一大套呢？

十七　阴雨

因为要等第二大队的关系（我们是乘汽车到晃县的），我们在晃县休息了四天，昨天第二大队的同学都到齐了，我们今天预备继续动身。

本来，由玉屏到黄平匪氛之盛，较由沅陵至晃县更为利害，所以团本部的意思，是预备这一段路乘坐汽车的，可是因了非常时期汽车缺乏的原故，我们只好继续徒步。

从晃县沿汽车路走，抵鲇鱼铺。鲇鱼铺为湘黔交界地，距长沙 633.5 公里，距贵阳 372 公里，分界地竖有分界碑一，其对湖南的那一面里写着“湘黔交界处”，对贵州的那一面写着“黔湘交界处”。鲇鱼铺户口数十家，街市在贵州省境。

下午抵玉屏县，离晃县 34 公里，四面皆山，中成盆地，街市分从东到西及从南到北的两条街，东街较热闹，南街多富家，北街多贫民，西街甚冷淡，学校及机关多在两街交叉点处。街上除卖箫者外，只有烟民的卖烟了。此地的箫甚有名，“分雌雄二种，价目自数角至十五元不等”，卖箫的市铺听说以郑芝山为最好。

此地的县长，对旅行学生比较欢迎，当我们到达此地时，玉屏县立小学的学生，即站立路旁欢迎我们，并且各处店均挂着国旗迎接我们呢。

晚上，我们即与此地的小学生开了一个联欢会。

十八日

六时即起床，县府升旗，我们也参加了。

昨天到街上买箫，因为是晚上，所以县府所贴的关于欢迎我们的布告，无法看清，今天吃完了早饭，特地跑到街上去看了一回。布告是这样写的：

“查临时大学，近由长沙迁昆明，各大学生徒步前往，今日可抵本县住宿，本县无大旅店，兹指定城厢内外，各商店住宅统为各大学生住宿之所，且值此国难严重，对此复兴民族之领导者，各大学生，当倍加爱护，将房屋打扫清洁，欢迎入内，并予以种种之便利，特此布告商民一体遵照为要。此布，县长刘汉彝。”

我真惭愧，看了这一张布告以后。

从玉屏到清溪有二十五公里，下午五点即到了，宿于万寿宫。据说清溪县为贵州最小的县份，长只有三十里，宽不过二十八里。此县产铁颇富，据老百姓说，沅水两岸二十里，都是产铁的地方，可惜交通不便，没有开采呢。

十九　雨

从清溪到镇远有两条路可走，一是走小路到镇远共九十里，一是走公路经过三穗而至镇远，但是走这条路时，要远五十里，所以我们今天决定走小路了。

小路是从前的驿道，路也还可以走，来往的旅客比公路上多，这因为小路旁边住民比较多的原故。

今天宿营的地方是“两路口”，从清溪走公路，经三穗至镇远，或是由清溪走小路而至镇远，均在此汇合，故名两路口。两路口住民约百户，离镇远仅十五里，故明天我们不要两小时就可到镇远了。

选自《见闻》一九三八年九月五日第三期、九月二十日第四期、十月五日第五期

// 贵州步行记

德　瞻

晃县到玉屏

三月十七日，我随国立长沙临时大学湘黔滇旅行团自湖南晃县起程，到贵州玉屏，经过两省交界的鲇鱼铺。鲇鱼铺东公路上立了一交界牌，许多同学都在这里拍照。

刚入贵州，令人不满意的，是公路太差，不平而多石块；此外指示危险的三角形牌子，也未改良，好几处只剩有木桩。

在贵州公路上走了五公里，出乎意料之外，竟然到了晃县的南宁堡。校医告诉我："咱们第二次到湖南了。"近来两县因地界据说发生一次纠纷，好在都是中国的地方，孰是孰非，倒没有甚么关系，最严重的问题是盗匪容易滋生，事实上也是如此。据我所知，晃县城内有一条胡同是属贵州的，而贵州青溪县有一部分在湖南境内。

玉屏城很大，可是田地要占一大半，市况十分冷淡，不过箫肆很多。玉屏箫天下驰名，箫是雌雄一对，不卖零只，每对依好歹价一元至四元，箫铺并卖手杖，系利用不堪作箫的竹子，手杖上刻满诗文，怪好看的。

玉屏到青溪

出发时沿着潕水走。水浅而清，可以看见石底，两岸的山长满野草，景色宜人。

大休息在羊坪，比玉屏热闹的村镇。一位老太太，坐了三人抬的轿子也到此休息，最奇怪有两个持枪的兵士护送，军服很整洁，有臂章，有符号。

青溪在公路旁两公里，有一条支路通去。我们住在万寿宫，寝室在观音殿里，神桌上有签筒，我随意抽了一枝，正是上上，不过签上面注明“上油十斤”又抽，中吉，上油六斤。我把签倒出来数，共有五十枝，仅有两枝下下，两枝中下，这四枝签是不用上油的。

青溪到两路口

据本地人说，从这里到镇远，若走公路，经三穗，共一百四十华里，还得爬盘山；若走小路，七十华里到公路与小路相交的两路口，再十五华里便到镇远。团长便决定走小路。

贵州全是山地，因为是小路，坡度很峻峭，天又下雨，跌交的很多。一位同学大发感慨：“天无三日晴，地无三里平，我都尝到了。”

两路口到镇远

两路口隔镇远很近，一会便到。镇远是黔东第一大商埠，全省货物三分之二在此集散，然而也不过如河北一中等县。未到之前，大家都当它作江西的九江四川的重庆，到了之后，莫不大失所望。

镇远吸烟的人渐多，脸色很不好看。这里的学生都穿灰布军服，戴军帽，小学生也是如此，初来时我把他们当成兵。

附近的山颇雄伟，惜乎连草也不多，只令人赞叹而不能令人留恋。城东有青龙洞，名胜之一，可不好。㵲水却很迷人，许多同学在此洗澡。

在此休息一日。

镇远到施秉

天下微雨，公路不好，全是泥。到了镇雄关，这是杨遇春平苗处，双方死了几万人，果然很雄。先下一大山，又爬一大山，公路曲折太大，我们都走小路，弄一身泥，两手这时也用来走路。刚上了山，又是鹅翅膀，一下一上，与镇雄关无异，衣服都被汗湿透。到了望城坡，隔城十公里，远远就可望见，这十公里似乎很短，没有两小时就走到了。

今天施秉赶场——赶集，途中遇见许多苗女，因为男苗衣饰全与汉人相同，所以只看见了苗女，这是长裙的一种，打绑腿，不穿裤，衣服全是青褐色，类乎戏装，实际上是汉人的古装，根本苗族就是汉族的一种。

施秉市况较胜玉屏青溪，街上许多苗女小贩，她们差不多都会讲汉话，东西很贱，我们买了不少的草鞋。

苗民很多地方可钦佩，虽然以前大烟卖到两角钱一两，无论男女，没有一人吸烟，他们可种烟（今年起已禁种），这是卖给汉人的。除了食盐外，全是自供自给。令人痛心的事，以前汉人老欺侮他们，养成了怕汉人的心理，许多年来，虽然汉苗杂处，结果仍然汉自汉，苗自苗。

施秉到黄平

贵州近年来，颇致力于植林。施秉有一特点，公路旁立了许多写着“保农场”的木牌，还有桐林柳林四小字，柳树最大的长处是容易长成，而桐油是干性油中最好的，也就是外国最缺乏的，每年对外输出占很重要一部分。惜乎我去好些保农场参观，一半都令人失望，中国各地的下级官吏常有敷衍公事的恶习。

大休息在飞云洞，有人题“黔南第一洞”，若以贵阳为中心，实是黔东；而且据大家的批评，也不过与青龙洞伯仲，无甚异处，够不上说第一。我想，文人的脑子，构造大概与旁人不同。洞口有千年观音，据和尚说，洞内时有莲花出现，不过我们看不见；当时忘了问他，谁可看见。

黄平有新旧二城，都在一块儿，我们住在新城县立中学。学生百余，苗民占三分之一，男女，衣饰全汉化。

黄平到重安

为了要参观猡猡的生活，小路比公路远几公里，大家都乐意走小路，乡下的路很不好认，我们走错了，要到预定的地方还得重走十几公里，大家爬山疲倦了，不愿意重走，在一叫皎沙的小村休息。这里居民，半是苗民，他们都跑出来瞧，我们便请他们唱歌，我们先合唱两个歌，他们似乎有些难为情，好容易才推出两位苗太太，因为是情歌，笑了几次才唱下去，声音很尖，怪悦耳的。虽然这两三天来大伙都努力学苗语，成绩太坏，没有人能听懂一点。

重安虽一镇，还热闹。重安江在此，水很清，颇像绿豆汤，可惜太深，我的游泳术不高明，洗洗脚罢了。这是黄平十景之一，我很奇怪，几乎每县都有十景，而且都是十景。

重安到炉山

这几天是桃李盛开的时候，乡下许多宅子的周围种满桃花，有时远远望去还以为是桃林，到了才发现里面有人家。

大休息在云溪洞，又名大风洞，还不恶，洞口有褚民谊题的“云溪东来”。洞有两间屋大，前进得爬一狭处，又是一处很广大的地方，再前进可看得见一块天，大有坐井观天之感。

炉山城内仅有两百户人口，我想买一瓶墨水都没有。意想不到这里还有一民众图书馆，图书尚够一般人用。

我们在这里休息一日，次日下午在公共体育场参加我们主办的汉苗联欢大会，全县人口十余万，苗民占四分之三，苗民的代表，女的穿她们的礼服，这是短裙的一种，头上戴有红缨；男的都是汉装。

县长不在，一位科长出来报告炉山的近况，大意是，贵州本来就穷，现在禁了烟更穷，开源的办法是开矿和植林，都感觉人才缺乏，而且开矿需要很大的资本；关于苗民，县府的主张是汉苗的权利义务完全平等，苗民因占大半，所以区长乡长也很多。团长讲话，大意是，要消除汉苗隔膜，第一要提高他们的知识，第二要和他们通婚姻。

参加的苗民代表很多是从四乡赶来，由我们备了许多点心和酒。先由我们吹口琴，又托县府借了一把胡琴清唱。

他们便开始唱歌，唱完了跳舞，两位男的一组，口里吹笙，笙的声音很清，颇有神秘的味道，他们休息了，团长舞剑，同行的一位教授和校医自告奋勇，这两位男士跳交际舞，他们很感兴趣，又跳，对男的另加两女的，跟在后面，步伐与男的相同，闭会后，旅行团情报组带有收音机，请他们听音乐。

全省苗民共一百余万，占贵州人口六分之一，此处所谓的苗，系包括夷和猡猡等，苗又分青苗花苗东苗西苗等几十种，言语风俗也不全同，内有一种打牙苗，女儿出嫁之日，父母需将其门牙打落。

我曾到苗民的家庭参观，生活与汉人类，他们不喜旁人叫苗子，我们应叫他们为苗家，自称客家。

炉山到马场坪

贵州全是山，公路很不易修。铁路的倾斜度是百分之一，平绥路例外，百分之三，湖南公路最高百分之二十七，贵州的公路，百分之二十几的太多，要司机的技术不好，最易翻车。今天途中有两处都因倾斜度太大，在旁面另修一段。

马场坪是黔桂与湘黔两公路会合处，（实际上是在马场坪东数公里，）还热闹，吸烟的太多，满街都是土气泥息。故乡一亲戚吸烟，我常去靠盘子，在此看见一个十三岁的男孩吸烟，他开烟的工夫，令我大吃一惊，嫩、匀、紧都到了理想的程度，禁不住便问他每天吸好多，他回答得很妙，“不过四钱。”

老年人吸烟我不甚反对，好在也快死了。至于青年人和小孩，则十分痛心，旁的国家，资本主义的如英美法德，社会主义的苏联，对未来的主人翁莫不十分爱护，中国则任他自杀。

马场坪到贵定

贵州最缺乏的是棉花和盐，十分之九的盐是从四川运来的，路上有不少运盐的马。道旁一家小店里，灶上用绳悬着一块盐，老板告诉我，当炒好菜，用盐一抹就得了。单是为免除贵州人淡食这一项理由，川黔铁路就应该修。

贵定是一比较繁华的县城，出产烟草。街上有许多军队的布告，内容全与军旅之事无关，好像是替县政府出的。

贵定到龙里

似乎快到省会了，居然看见几乘滑竿——山轿。公路侧有牟珠洞，洞很窄狭，里面有阴河，大家都说妙绝，我觉得反不如洞外的“阳”河，它有几尺高一个瀑布，两岸长满树木，要是不下雨的话，至少我要在这里洗脚。

龙里有一中山公园，经过贵州境内，第一次看见公园，城墙上大写着剿赤的标语，这已是过去的事，在这枪口朝外的时候，似乎应该涂去。

龙里到贵阳

往来的汽车多了，公路剩下些石块，又下雨，这三十七公里的确难走。快到贵阳的十五公里，省会附近，果然不同，山上渐染绿色，田里的麦子也似乎比旁的地方好，而且这里一家小店里，居然有松花蛋卖。到了图云关，全是下坡路，一直到贵阳，我们在贵阳共休息四天。

贵阳是省会中的小弟弟，城里可十分繁华，洋楼汽车，妖艳女郎，实一典型的小“大都会”。因交通的关系，东西特别贵，药皂一块，价三角五，在北平仅值六分。

贵阳一年中就有半年下雨，我们住四天就下四天雨，街上全是稀泥。此外尚有一特点，市内女人占三分之二，正好与贵阳两字符合。

出城两公里到观音洞，洞口有碑，说深五百余里，有人走了七天，方到尽头。大家拿着手电，还准备好马灯，刚下洞，七步就到尽头，大失所望，退出来问和尚，才知道旧洞已寻不着了。沿公路支路走到仙人洞，干脆就没有洞，但可以爬得很高，路是沿山石凿成的，很窄，一失足成千古恨，危险而有趣。看得见贵阳全市，面前是一青色的大平原，可惜坟太多，像麻皮一样，大好河山被枯骨占去，未免不值。再前进到东山，山顶有一规模颇大的观音庙，贵州佛教会在此，里面正作祈祷胜利法会。东山侧是扶风山，因为形状相似，又名螺蛳山，王阳明祠在此，内有阳明石像，很瘦，两廊有他老先生写的碑，这里洪亮吉题的字不少。

吴主席请我们和来黔干农村工作的战地服务团在阳明祠野宴，讲演一次，大意是，旁人都说贵州穷，不知保险箱理还有许多珠宝，只要有钥匙，就可拿出来。

我们住在旧讲武堂里的大夏大学，贵州以前没有大学，大夏现在是贵州的最高学府，在后方日益重要的时候，它负的使命却不小。但是学费太贵，许多学子只好望洋钱兴叹。因为在贵州招了几次生，本地学生占一半，一部分的海派学生仍同在上海一样，穿洋服，擦口红，据他们的校刊，不久以前曾全体学生出发，向市民讲演，不知曾劝旁人节省无益消费否？

贵阳到青镇

在大雨之下起程，这一带地很平，公路也比较好。途中和一甲长谈天，他说："你们是很强国的。"又问："下边的战事怎样了？到底是同日本打，还是同满洲国打？"我很感觉到贵州的宣传做得不够，虽然沿途有不少的标语传单，实际上效力很微，非得有大量的知道分子回到农村不可，最近的战地服务团还嫌人少，希望省府能再训练一批青年去。要是民众的生活和知识不提高，对于前方战事大有影响，以徵兵而论，贵州逃役的就不少，土豪劣绅操纵仅是一原因，在龙里曾见过一农民，为了怕当兵，竟抽上了大烟。

省会附近的县城毕竟不错，只是街道太窄太脏。

清镇到平坝

天晴，公路全在平地上走，曲折也少，田野绿成一片，山像馒头似的，一个一个地不相连，因为矿质很多，都是黑色，道旁的树木野花颇多，景色之美，不亚江南。还有贵州少有的小溪，而且到贵州来，在这里第一次瞧见鱼。据老百姓说，从贵阳到镇宁全是这样，再往西行，则情形大异。

××师的补充团开赴前线，服装整齐，精神焕发，这些卫国的战士引起我们万分钦佩。他们的行李和器具，是自己担，患病的由同伴抬着走。在贵州途中，不少老爷太太乘坐流线型的汽车，不知看见，作何感想，在目前抗战时期，一切工具，不应由最有钱的享用，而应由最需要的享用。

这一带是平原，出产丰富，经过的两县城，人口都很多，苗民也不少。今天这里赶场，有女学生在街头讲演，说的话太抽像，不和农民生活发生连系，我认为是一大缺点。

平坝到安顺

贵州今年起禁种大烟，但黔西延长一年，似乎往来的人较多，公路旁很少。我们为了省事，常抄小路，这时正是阿芙蓉花盛开的时候，遍地红色，紫色，白色。许多同学生平就没见过大烟花，莫不摇头叹息，但对于花，大家都很喜欢，有的采来戴在身上。

安顺是西部第一大城，有电影院。我们把它比作湖南的常德，还有一点相似处，都不像长沙贵阳那样好下雨，住家是顶适宜的。

休息一天。安顺风景甚好，名胜也多，日本人比作他们的西京。城外有一华岩洞，约两里深。

安顺到镇宁

镇宁城外二公里有一火牛洞，去了之后，大为满意，虽然名气不大，比云溪洞牟珠洞强多。一切名胜风景，一半要看所在的地方如何，苏州的虎邱，土坡而已，甚么都没有。

洞口小，狭处仅能一人出入，再进则很宽大。石乳下垂，积成了倒悬的圆锥体，既大且多，异常好看。经两个曲折，到了最精采的地下，好像一大礼堂，上面是圆顶，旁面有一天然的布幕，还没有展开，皱折和真的一样。幕前一大石乳柱，上下相连，高八公尺，径半公尺。四周有许多佛像立着，完全未经人工，并不十分像，好处就在不十分像，起初你以我是送子观音，多看一会儿就变成打坐的佛爷，从侧面看去，也许会变成妖魔。

镇宁远不如前三县，街上有很多分剪零泥的。

镇宁到关岭场

出城就有山迎着，八九天没有爬山了，看见不免皱眉。十五公里到黄果树，大瀑布在此，有两，一在村内，一在村东半公里处，皆在公路旁，高约十余公尺，远看并不怎样，走到瀑布下面，才觉得真不愧第一。省府拟在此建设一水电厂，很歉然地是附近森林太少，景色不佳。

下一大山，到了坝陵桥，这里卖蔗甘（甘蔗）的不少。爬上关索岭，就是关岭场，因为山太高，公路比小路多十四公里，都走小路，我们所经过的山，以这山最难爬，到了后来，走二三十步便要休息一次，天气又热，困苦之至。有一载盐的马，竟倒在地上。

关岭场到永宁

整日下雨，在这二十二公里的途中，路旁没有一家店子，没有一户人家，想找一可坐的地方都不得，这也难怪，全是大山，田地非常少。

永宁（慕役分县）很萧条，我住在一家旅店里，贵州煤矿随处皆是，这家店子里烧煤，气味辛辣，令人发昏，好在屋子异常透风，否则决不敢住下去。

这一带四川人不少。旅客登记簿上，一半是川人。

永宁到安南

都是大山，公路来回绕圈，我们走了不少的小路。二十五公里到盘江铁索桥，桥已坏，现正加工建筑。两岸交通全靠渡船，船很小，仅容六人，都蹲在里面，两手握舷，水流甚急，在岸上看见，很替它危险，当自己坐在里面，并不怎样。

又十五公里到哈马庄，听说这里有某师长的别墅，可以宿营，到了才知道地方小，我们便赶到安南。

安南太小，买米成了问题，自己无法作饭，都到小食店里去。我们共有三百余人，虽县府帮忙，住仍成了问题，有一小学，只有五间屋，而且也快塌了，于是分住在民房里。我们的行李因盘江铁索桥阻碍，自己汽车过不来，向公路局只租得一部车，时间太晚，仅运来一部行李，是晚大家都冻着。

在安南共休息两天。人无三分银果然不错，贵州常下雨，不产棉花，因此也不出布，衣服都很褴褛，据说常有大姑娘没裤子穿，虽未看见过，但事实上是可能的。

由于吸烟和营养不足，身体都很坏，又矮小，又苍白，男子尤甚，这是很严重的现象。女人吸烟的较少，小店里差不多都是老板娘而无老板，这正好与北方情形相反。

台儿庄大捷，参加县府和我们主办的庆祝会。到的有男小、女小、保安队、工兵团、党部等，民众参加的并不多。

安南到普安

离开安南，就下一高山，自山顶迄山腰，公路共十八折，山有飞泉，蜿蜒如白蛇，今天像这样的大山，翻过不少，水壶忘了盛水，口渴之至，途中虽看见人家，因这一带苗民多，据乡人说，常放蛊，不敢去要水喝。

大休息在江西坡，正逢赶场，作生意的大半是苗民。

普安街道较整洁宽大，余亦平平，我们在此休息一日。城里有一县立小学，是这里的最高学府，毕业生就到乡村小学去当教师，贵州需得添设大量的职业学校和师范。还有一点得注意，农民留着自己的子弟在家拾柴放牛，不肯送去上学，他们的理由是毕业不能作官，而且可不愿拾柴放牛了。

普安到盘县

大休息在旧普安，这是今天路过的最大村落，也仅二三十户人家。

假若一个人走这一条路，心里上必另有特殊的感觉，四望都是大山，没有人家，没有行人，走累了求一树荫休息都不成。

休息一日，盘县比较大，有师范和初中，街上也张贴有报纸。这里的人起床很晚，早上九点钟，许多商店还未开门作生意。

和汽车站长谈天，他说贵州的车本来不多，战事起后，更感缺乏，国府迁都以后，许多要人搬家到后方，为了没有车，站长几乎挨了一枪。据我所知，有一铁道上的站长，不肯发路签，被人绑在车头上作为肉路签。

盘县到亦资孔

到亦资孔走小路，到了才知道小路比公路只近三公里，小路难走，两眼得看着路，这是非常蹩扭的。亦资孔是盘县的一区，十分穷苦，距云南只有二三十里，说话带云南味。

有一家作佛事，八九个和尚，衣服很整洁，而且个个都是肥头胖耳的。据说贵州迷信最深，我想主要的原因是穷，民智高低倒在其次。

选自《宇宙风·散文半月刊》一九三八年九月十六日第七十五期

// 荒山行

（湘黔滇步行日记之一）

高一凌

由青溪到镇远，本有两条路可以走的，一条就是循京滇公路，经过三穗县，盘过盘山，向镇远前进，另一条就是循以前的驿道，而今已成为小路的山道，直向镇远前进。由公路到镇远，计有一百多里，若是由小路而往，计算只有九十里；公路是形成一个弧形，小路是以比较危险崎岖的姿态，作成一条直线前进的。

这一带的山路是异常崎岖难走的，给旅人踏得过多的，经过太多时间的铺在路上的石块，早已磨擦得光滑，使行人一看见便觉得难过，若是在天气晴和的时候，这样的路，便常常会使人滑倒的，这是过去经过的许多路途中，给我们的经验。今天恰巧又遇上下着濛濛的牛毛细雨，这石路润湿得更难走了，脚上由另一个地方带来的泥酱，沾染到这石块上来，倒不成为胶着状态的“酱油瓶”，反而增加其油头粉面的程度，更显其泞滑得可怕了。穿著着比较带有磨擦性的草鞋，或在胶底鞋上套穿著草鞋的同学，走起这样的路来还要好一点，若是光穿着胶底鞋走路的同学，走起来便感觉到异常的痛苦。当时人仰马翻的情形，现在在我脑幕中放映着的，是跟那些飘摆着身体，在游绳走索的人物一样的情形，在这样的地上走路，是多少带着一些冒险性质的。

这些小路，就是蜿蜒地伸进绿树勾染的群山里面。

一大半的路程是这样的：在半山腰上的羊肠小道旁边，就是直削而下的峭壁，底下就是一条游动的山溪。若是一不小心的话，便有掉下山溪去的危险，这时各同学在玉屏买来的手杖，便有实在的用处了，至于没有手杖的同学，临时也要从树上折下一枝粗树枝来，作为一种扶持的工具。用这树枝慢慢试探着前路，等到真有把握了，才踏上脚去。就是这样的，拖泥带水的两脚，像盲人似的，带着怀疑而又惊怕的心情，一打一打地前进。

我看了几匹由这小路过去的牛，蹄上都是套穿着草鞋的，至于一般行人更不用说了。可是，同学都不知道这种情形，许多便没有穿着草鞋；我就是没有穿着草鞋群中的一个。经过这许多奔波而磨擦得平滑无“崎”的胶底鞋，今天就把我滑跌了好几次，没有掉下山溪里去便是好事。这时，生在路旁专门抓人脚根，傲岸地阻人行路的草木，虽然有时我们滑倒了就是因为它而滑倒的，但是，有时也因为伸出了友爱求助的手给我们这 × 人时，才援救了自己。事后看见这点染在路旁的凝翠的微笑，便会感觉到自己是被人捉弄了。在这种情境中，常常是有不可言说的滋味荡漾在心头。

两旁迂回着前来的黛色，似乎是要偷偷的沾染上我们的眉头来，但是，我们的眼睛，始终是要聚精会神的看着脚下，弯得连颈膀都酸痛得很。在这悬崖险路中，就是连伸伸颈膀，望望山头都不可能的；平时在路上，老是喜欢唱一唱拉一拉嗓子的同学，现在也无法拉去唱了，就是连一声二声，在行山路常常听见的口哨儿，现在也听不见了。只听见雨点打在雨伞上的声音，打在制帽鸭舌子上的声音，虽然山林也有时带了一声二声不知名的游鸟的歌声，从后山或前山，打从密叶中慢慢的荡漾过来，在游子心中，反而觉得裹来了无边的寂寞。

我们今天的大休息地是在蕉溪。在这里是很难买到什么东西来充饥的，但是，半天崎岖的盘越，早已疲困了我们的身体，空虚了我们的肚子，当作奇迹般看待发现了这里有一二家豆腐铺中还有豆腐脑时，大家便挤去抢着要买。最初是两大铜子一碗的，以后就涨到四大铜子一碗，这样，大家还是要抢着买。在后到的同学，有的是没有买着什么东西吃，休息了一会儿，空着肚子还得继续前进。就是这样，我们在路上，早上很早吃早饭，晚上有时很晚才吃晚饭，在中间的时间，常常是饿得眼睛发黑，但是，饿了几天以后，大家也就惯了，好了。

过了蕉溪，山路虽然仍是带着荒凉的野趣延续伸展下去，但是，比较起来总算是好一点了，这也许是毛毛雨渐渐的收住了阵脚的缘故。这时也可以碰见一些在山腰上走来的村夫；有时在拐湾的地方，也可以碰见一些制服不大整齐，身上背着一支劣枪的义勇壮丁队或特务队一流的人物对面走来，最初看见了，心里是有点害怕的，看多了也就好了，反而这才显得不寂寞。从树隙中远望过去，远峰是给那一层棉絮似的白云拥抱着，黛色的树枝常常就给那被丢弃了的闲云飘织起来，这些都是足以引起人发生许多浪漫遐想的。由山峡中，山流就像带了白云扭下来似的，常常隔了一座山峰，那种水花开出来的声音，还悠悠地传将过来。

我们到达离镇远只有十余里的双路口里，已经是暮色垂垂了。

于贵州镇远

选自《大公报》一九三九年九月六日及《玫瑰半月刊》一九四〇年三月十六日第二卷第三期

// 自长沙到昆明

赵悦霖

一、离别长沙

教育是国家的生命，文化是民族生存的基础，弦歌之声，任何时候都不应间断，御侮抗战固须加紧，建国事业也不能放松，学校基于这种认识，便决定迁滇了。三百多体格强健的同学，欲趁机考察西南，访问农村，更愿把中国的钱用在中国，这样，湘黔滇旅行团便成立了。“生活即教育”，“社会即学校”，只要肯下功夫，随时随地都是在学校里受教育，一般人认为在学校里才能受教育，拿起课本来才算读书，实是错误的见解！我们知教育上新三 R 之一就是 Road，读书五到之一就是“足到”，平常教育工具中最少用的要算 Road，读书五到中最不常到的要算是“足”了。长途旅行正是补教过去缺陷的好机会，也是今后教育改进的先声，各个人都这样的期待着。

随着全面抗战的开展，民族自信心提高，长沙的人们已经“动”起来了，抗建团体纷纷成立，救亡刊物如雨后春笋，有钱的出钱，有力的出力，有知识的贡献知识，到处充满了紧张，严肃，悲壮，活泼的空气。敌机虽时常来袭，不但未曾动摇人心，反而使同胞更认识敌人的残酷，加强了民族意识壁垒！“愈战愈强，越打越起劲”，不但表现于前方的军队，在后方民众日常生活上，也显明的看出来。现代战争中飞机有威力是事实，谁也不曾否认，但防空完善，措施得宜，并不怎样可怕，离开长沙的前五天，敌机又袭湘垣，作者在某处地下室内，目睹我方高射炮猛烈射击，敌机左冲右突，惶惶然如惊弓之鸟，投下轰弹多不中标的，故长沙虽数遭空袭，仍繁荣如初，保持着它的常态！

三百多团员登上轮舟了，行李炉灶食粮都搬运上去，开始营水上生活，江边帆樯林立，喧声嘈杂，大批材货正在集散。太阳沉下去了，月儿尚未升起，繁星闪灼，夜色笼罩住大地，汽笛鸣后，船便乘风破浪向北开行了。浪烟遍地，烽火满天，不禁慷慨悲歌，“中流击楫”！但想到自己不是走向斗争的前线，而是到遥远的后方，又坐下来，黯然若失了。

二、沅江下游的常德

湘江流域土壤肥沃，谷物繁茂，为湖南富庶的所在！“湖广熟天下足”。虽不免近乎夸张，然米粮的生产，确是可观。

是湖南在长期抗战中，不仅为军事政治中心，亦且是经济根据地了。益阳附近水势低落，不能续航，乃舍舟步行。益阳位资江西岸，为长常公路的中心，市肆栉比，商业颇盛。打过午尖后，兼程西进，各人情绪兴奋，精神焕发，准备考察研究，欣赏农村风光了，长常公路穿行丘陵地，路基忽高忽低成法纹状，坡间“杂花生树，群鹫乱飞”。真是一幅美丽画图，此江南之所以为江南了。

一年约十三四岁的孩子踉跄走来，想向我们求助，但话将出口时，又觉得不好意思，俯首走过，我们深为感动，趋前询问，他家住芷江，地方征调乃兄从军，因兄嗜食鸦片，手无缚鸡力，命由伊顶替。在益阳点验，因体格太差，年龄不够，遣回缓役，手中分文无有，“日暮家乡何处是”！乃呜呜地哭了起来。我们不禁流同情之泪，凑了点钱，送给这位不知名姓的小同胞。现行征役办法确有待改进处，负责人员更应严密监督呀！

常德为古武陵蛮地，位沅江下游，距洞庭湖百余里，与长沙岳阳汉口等处，均有小汽轮往来，为湘西第一都会。贵州与湘西之木材桐油，均由此出口，外来货物亦先至此，再分发各地，抗战发生后，人口激增，机关加多，市况呈现变态繁荣。各家书铺里更挤满了群众，随走随入，很少间断，抗战丛书销售最广，有供不应求势！书贾们都发了财，在挤着眼儿笑，各级学校正在放假，许多青年下乡工作去了，据说进行顺利，已收初步成效。次日，照原定计划休息。晌午时分，警报突鸣，敌机三架侵入市空，民众防空知识不够，公共防空壕又未完成，惊扰仓惶，秩序大乱，敌机幸未投弹，不然，损失之重，要难以想象了。后方各地对于防空，多取观望态度，以为敌机或不致于……，实是绝大错误，与其“亡羊补牢”，曷如“未雨绸缪”呢！

三、湘西重心的沅陵

自常德登舟上驶，沅江两岸多山，山光秀丽，水色清绿，江面宽狭不一，忽而峭壁耸起，如行谷中；忽而一片沃野，豁然开朗；风景比湘资好得多了！至桃源北十余里地方，沙滩横出江心，舟不能进，乃登岸步行，冈峦起伏，田园碧绿，满山遍野的蚕豆油菜，在小学读自然时，听先生讲油菜，如听大鼓本一样，今始了然。桃源位沅江西岸，以产玩石著名，居民敦厚朴实，尚存古风。桃花源在桃源县南三十里，附近桃树成行，芳草迷离，令人有足履“世外”之感！围墙内石壁闲书“秦人古洞”“古桃花潭”等字，攀登而上，洞长两丈许，出洞虽“豁然开朗”，但为崎岖不平山地，已无鸡犬之声。旁有陶靖节先生词，壁上有孟浩然，黄庭坚，王守仁诸人题句，是该处久以“清高”闻世，为文人墨客访问地了。

过桃源后，渐入所谓匪区的湘西，所经大抵田地荒芜，蓬生蔓草，断井颓垣，十室九空，充分表现劫后景象！一次我们住宿五里山，（沅陵北百余里）睡梦中闻匪徒至，惊惶失色，莫知所措，既无武器抵抗，只好听天由命，幸匪徒转向他去，得免无事。一个老丈说：“此地匪徒行踪飘忽，出没无常，对穷人尚无大害，他们分子虽甚复杂，然大部是为饥寒所迫，铤而走险的。只要生活有办法，仍可改邪归正”。自是白天行走，各人都防宵小暗算，不敢脱离大队了。

沅陵旧名辰州，因汽轮不能达城下。故市况未盛，附近产朱砂（琉化水银）颇多，遐迩驰名，江东有马伏波祠，祠宇伟大，神像尊严，不禁肃然起敬！千数百年前伏波将军征武陵蛮，死今沅陵北壶头山，后人慕其忠贞，建祠纪念，今鼙鼓动地，杀声震天了，正是大丈夫报国的好机会。起来，中华的男儿！继续着伏波将军“马革裹尸”的精神，杀上前去！本地报纸有大道小型报一家，新闻除录自收音机外，多转载武汉各报消息，日售千余份。在沅陵最使人惊异的，要算妓女了，多得出人想象以外，据说已登记的妓院，有四百八十家，暗娼为数尤夥，旅馆茶社都是卖弄风情招蜂引蝶的所在。妨碍治安，破坏风俗，为害申人，当局已在设法取缔了。

过去湘西为匪徒逋逃渊薮，失意军阀政客更插足其间，诱惑煽动，致问题趋于复杂，星星之火有燎原势！湘省府乃设湘西绥靖处（今改为湖南省政府湘西办事处）于沅陵，由陈渠珍氏主持，剿抚并进颇收成效。暴敌进迫堂奥了，湖南已变为“后方的前方”，我们希望陈氏更进一步努力，救济农村，安抚流亡，把湘西从恶魔手里解放出来，直接造福湘西父老，间接便是巩固国家抗战的基础！

四、湘黔交界的晃县

学校运输汽车开到沅陵，我们又向公路局订包了几辆。这样，沅晃段便以汽车代步了，湘黔铁路进展迅速，株新段（自株州到新化）试行通车，材料工程处已推进到芷江，这种伟大的建设，实是我们敌人的赐予，要不是这次抗战，实际开发西南，恐怕还要在十数年后吧？湘西同胞生活固然苦，然爱国情绪异常旺盛，× 县正在建筑大规模的 ×××，数百里外的农民都来助工，他们一方在汗流浃背的工作，一方在哼哼着本地的小调，这种“见义勇为”的精神，实是“敌忾同仇”的表现！

晃县是湘黔交界的一县，县治原在㵲水北岸，今移龙溪口，无城垣，有人家数百户，赶场日市况颇盛，一处僧舍门首悬“×× 私立小学”的木牌，里面却是道地的私塾，学生十余人，读的是《三字经》《千字文》《大学》《礼记》等，颜色憔悴，面容枯槁，生命力消失殆尽！教师在板着面孔看奇门遁甲，旁有马鞭戒尺各一，这自然是鞭笞门徒的，爱伦凯早就说过，“二十世纪，是儿童的世纪”。新中国建设的完成，又赖小天使们的努力，今日还有些小孩子，受中古时代的教育，往坟墓里跑，能不令人痛心太息吗？今后负责教育行政的人们，不要敷衍门面，自欺欺人，要拿出良心来做点事情。

晃县地方贫瘠，文化落后，但民训工作做得很起劲，几位负责人员都能咬定牙根苦干，现全县受训壮丁达八千余人，他们虽枪枝不齐，服装不整，但精神焕发，如生龙活虎一般，且数度请缨杀敌，要和日本鬼子拼命。可见慷慨悲歌之士，并不限黄河流域，西南山中还大有人在哩！

五、黔东门户的镇远

自晃县起，我们开始步行，湘西的情形是“民不聊生”，贵州给人的印象，便是“地瘠民贫”了。贵州地势高峻，田亩在坡间成阶梯形，故名“梯田”，土层甚浅，有的地方仅及一寸，故谷物不易生长，居民多带菜色。“地无三尺平，人无三分银”。为农村良好写照！玉屏洞箫驰名全国，各人预备“吹散倭奴子弟军”，愤愤争购，忙煞了箫肆老板，但钞票一批一批的塞进口袋里，面庞上又露出得意的微笑！

镇远是黔东的门户，当沅江上游，民船可溯航至此，再上便沙滩重重，无法通行了。城在镇阳江北岸，街道狭隘，房屋破旧。然在黔东说，算是天字第一号的城镇！在全城巡礼一周后，到行政督察专员公署访问华专员，华专员报告黔东情况详而扼要。“黔东在贵州说，是比较贫瘠的地方，镇远市上富丽堂皇的商店，实收资本不过百元，税收稍重，便‘关门大吉’，逃之夭夭。‘外强中干’现象，最明显不过了！黔东农作物生长不易，宜种桐漆，× 师长曾购地栽种，大发财源，俨然成为内地资本家，现在各县正进行宣传，预备推广民间，做复兴农村的基础。镇远一带青苗颇多，过去汉苗间裂痕甚大，今政治上对苗人采取启发政策，注重教养功夫，各县苗民促进会已经成立，负指导改进苗民责任。现远近均明政府意旨，'官民合作'虽未到理想境地，然较前大为进步！汉苗间仇视心理亦渐泯除，将来可由谅解而互助合作。只有国内各民族精诚团结一心一德后，才能发挥全民力量！"华专员"老当益壮"，越谈越起劲。太阳沉下去了，我们遂辞出。

镇雄关在镇远西三十里，悬崖峙立，峭壁兀起，公路盘旋而上，汽车开足最大马力，方蠕蠕爬上。俯视来路，云雾漫腾，如在谷中，地势之险，较诸幽谷虎牢，殆尤过之！更西十余里，有鹅翅膀，公路循坡而上，逐渐倾斜，峰回路转，砌桥而过。形如鹅翅，故名。各人走乏了，对此伟大工程出神，想到西南公路在抗战建国上的价值，不禁欣然色喜，争相庆祝，但忆及"前人种树后人乘凉"的古句，又惶恐羞愧，沉默下来。

六、山国里的贵阳

大队在镇远休息时，个人考察兴浓，一度下乡但次日走起路来，两腿酸痛，位居殿军了。一老丈赶场归来，我们便打起乡谈来，他有两个儿子，一个在家种田，一外出从军。问"我们现在和什么人打仗？"他耸了耸肩膀说"小日本鬼子"。"令郎为什么从军打仗"？"那还不是为国家出力"！我深为感动了，说说笑笑，竟忘了身体的疲乏。夜晚住宿施秉，一家只母女二人，询及男子操何职业，白发龙钟的老婆婆说："孩儿阿五抗日去了"。这是何等"警辟动人"的答语！她听到前方胜利的消息，眉飞色舞，喜不自胜，说"这就好了，打败日本大家就有饭吃，安安稳稳的过日子"，全国的同胞已经奋起了，贫富智愚一齐救国，男女老幼都来抗战，这是扫荡贼气的"法宝"也是人道正义的表现！

贵阳僻处西南山中，是全国省会中最小的一个，常人都以为它是一个污秽狭小，破烂不堪的城市，"事实胜于雄辩"，它是贵州政治经济的中心，已披上现代化的服装，成为西南都会了。全面抗战发生，国内人才经济移来后方，贵阳更欣欣向荣，透露出无限生机！贵阳的天气，颇使人讨厌，终日阴沉，细雨连绵，"天无三日晴"，一年中平均有一百八十天是落雨的日子，这是贵州近年植棉失败的原因！许多专家的意见，以为推行植棉，不如广种桐漆，来得可靠些。（盘江以西，日光煦和，雨量渐少，却是宜于棉植的所在）。

因欲调查贵州教育状况，便访问教育厅，接待我们的是一位科长，和一位督学，稍事寒暄后，便开始下面的谈话。"贵州僻处西南，教育落后，全省中学仅二十余处，亦和他省一样，多集中于省垣，分布于外县的屈指可数，过去中学师资（尤其是理化英算师资），是最感困难，而又无法解决的问题，倘某校教员学期中间他就或亡故，校当局请教育厅物色，教育厅向各大学接洽，辗转周折，往往费时数月，今战区教员纷纷来黔，该项问题已算解决，历届中学毕业生，多服务社会，升入大学或专门学校的百之一,二。一般人认中学为正统中等教育机关，漠视职业学校，明知将来出路困难，亦拼命的向这方面（中学）跑，这是国家整个教育问题，应谋合理解决！贵州人口约一千零五十万，苗人估五分之三而强，故教育事业亦需以苗人为主要对象，已往汉人教师在苗区执教，每以言语隔膜，收效低微，前为整顿苗区教育，预备实行‘苗人教苗’，设立省立贵阳乡村师范，计划收容苗人优秀青年，施以师范训练，使充苗区教师。但苗人观望不前，结果汉籍学生做了主体。现教育厅计划延聘专家，设立苗语讲习所，招收青年教师，施以语文训练，再分发苗区，这样，教育效率可望提高，汉苗关系亦可切实改进。”谈得很久了，便起身告别。

预定起程的前一日，接到吴主席通知，邀请扶风寺野餐，便决定暂缓出发了。扶风寺位贵阳东郊，距市三里许，茂林修竹，青葱可爱，忘却都市喧嚣之苦。吴主席态度和蔼，笑容可掬，谓“国家前途在最高统帅领导下，呈现光明朝气，抗战胜利绝对把握，只需要大家努力，奋斗，苦干！贵州的‘穷’是表面的，伪装的，有如乡间守财奴，中强而外干，这个蕴藏丰富的宝库，正需要钥匙来开发”！吴主席在这种认识下，毅然以建设新贵州自任，这种砥砺奋发，开辟创造的精神，实是建国声中应有的表现！野餐每人发给纸包一个，内盛馒头，鸡蛋，牛肉，橘子，糖果等物，江南漂泊将近一年了，几忘却馒头滋味，立刻“红光满面”，张口大嚼起来。寺内有王阳明先生祠，塑像道貌岸然，严肃可亲，旁有石碑一，系清末日人访阳明洞所建，王学在日本影响之大，由此可见！国人常犯的错误，是“坐言起不行”。知识自知识，行为自行为，风马牛不相及。领导民众做救国运动的青年，过市场仍不免买仇货；高唱统一联合阵线的先生，做起事来依然坚持成见，自私自利，狂风暴雨迎面打来，不容我们滥发空头支票了，我们要继续王阳明先生“知行合一”的精神，在行动上报效国家，在日常生活上肩起复兴民族的重任！次日清早，工厂上工的汽笛还没有响，我们便踏上征途，向黔西进发了。

七、安顺见闻记

过贵阳后，田园风味渐渐不同，砖砌的房子出现了，田里的作物加多了，农村情形也较好些。清镇是临近黔垣的一县，一切建设均有进步。晚上访晤 × 县长，× 县长很客气，将县政大致报告后，便谈到实际困难问题，“过去军阀解甲归田了，但，‘余威犹存’，在乡间仍‘南面而王’，有一部潜势力，和他们妥协，则不能推行新政；板起面孔去做，又牵涉甚多，处处棘才，地方官真如哑子吃黄连有‘苦’说不出！现在法律少数条文，在内地社会有无法实行之苦，寡妇与人通奸，在法律上不构成犯罪条件，但如是判决，违背礼教，（饿死事小，失节事大），为社会所不许，家产女子继承权，载在法典，但依法处理，则群众哗然，为地方所不满”。这两件事问题太复杂，而又急需解决，现在提出来请政府与专家们予以注意！

安顺当入滇要冲，为黔西第一都会，自滇桂运来货物，先集此再分发各地，故商店林立，市况甚盛。近中国农民银行在安顺设立分行，准备向附近各县农村贷款，地方经济可望繁荣，农民高利贷痛苦，亦可减轻了。城内有男中女中各一，小学十余所，教育尚称发达。但书籍售价甚贵，在原价外尚须加一，贫寒学生苦之，将来县教育用品合作社成立，情形当可好些。

安顺汉苗杂处，在大街上随时可见到服饰互异的苗人。为了进一步的考察，便访问昔为苗王，今为苗民促进会会长的杨庆安先生了。杨先生谈吐文雅，态度端正，自宣统元年起，即从事苗民改进工作，三十年来苦口婆心，循循善诱，成绩已斐然可观。以下是杨先生的谈话："苗人性保守，以种田为业，除少数是自耕农或地主外，十之九都是佃农，收入甚微，复以土劣层层剥削，致水益深，火益热生活越感困难！苗民自身亦不长进，风俗淫秽，习惯奢靡，青年男女生废耕忘织，忙于'跳花'，这是进步停滞的大原因！欲矫此弊，须灌输人以'生命力'，使之有'奋斗'思想，与'进步'观念。这有赖于教育事业，过去中国教育畸形发展，学校集中城市，乡村成为无人过问的地方。许多苗人想送子弟到城市读书，以用费浩大，乃踌躇不前。今后教育发展应着重乡村，实行所谓生活教育，做工作不忘掉受教育，受教育不忘掉做工作"。这真是切中时弊，精辟透澈的议论！谈到这里，便兴辞出。

八、急流过盘江

旅行贵州终日在山的世界里，白天行走的是山径，夜晚住宿的是山村，耳旁听到的是山歌，沿途所见的名胜，亦大半是山洞。盘旋在脑子里，令人不能忘怀的，要算火牛洞了！火牛洞在镇宁东，距城二里许，入内，雄伟庄严，别有洞天；精致峭丽，如履仙境；堪称西南奇观！询诸土人洞名“火牛”的义意，均莫知。黄果树在镇宁南三十里，举世闻名的大瀑布，在村之东北，水自崖间流下，若万马奔腾，清似银练，鸣声如雷。南岳水帘洞，泰山黑龙潭，为游客津津乐道，然与此相比，却如小巫见大巫。大家看得出神，有的登高赋诗，仰天长啸！在“赤日熠熠似火烧”的当儿，抵达“黔南锁钥”的关索岭了，大家走得很乏，半天又没有水喝，都有点望岳兴叹，但“兵来将挡，水来土平”，遂分段而上，且行且息，嘴里虽在嚷着:“跑！跑！跑！努力往上跑！”老是跑得不快。仰望山巅，仍高高在上，可望而不可即，游视融峰，造玉皇顶，虽也曾吃力，然与此相比“真如坐在咖啡店里喝香槟了。太阳西斜了，山坳里渐渐黑暗起来，我们越过山头，到了关岭场。附近某山洞有殷碑一，碑身尽甲骨文，为高宗代鬼方时遗物，考古兴浓，“跃跃欲试”了，终以“心有余而力不足”，又躺下来。

盘江穿行山峡中，江面甚狭，（约三丈许）。浑黄的水色，湍急的水流，都与黄河差不许多，中断后的铁索桥，正在修理，但工作人员态度悠闲，殊不起劲，不禁为国是焦急！盘江渡船甚小，只容五六人，波涛汹汹，风浪险恶，各人面色苍白，“生命完结的”念头，侵入意识领域，靠岸了，大家如释重负，欢欣的跳下船来，四五只扁舟，输送数百人的大团体，自需较长时间，傍晚，人到安南了，行李炊具等尚未过江，只得随便买些点心充饥，在茅屋的冷板凳上坐了一夜，心里也有点不高兴，但想到前方浴血抗战冷餐露宿的将士们，便安静下来。

九、踏进了云南

贵州为鸦片出产地，过去人民恃为生活，地方为资税收，闹得“乌烟瘴气”，成为地狱世界！现贵州禁烟工作，雷厉风行，但“积习难改”，今年黔西尚未禁绝，公路两旁随时可见到颜色鲜艳的罂粟花，——亡国灭种的根苗，外国人过境看到，要骂我们蛮风未退，林则徐地下有知，不知怎样痛哭流涕哩！胜境关位滇黔交界处，有居民数十户，村西有石狮四，两只向昆明，两只向贵阳，土人称为“黔南胜境”，但雕凿呆板，神气死沉，无艺术价值，真所谓“境而不胜”了。

过胜境关后，即入滇境，公路宽阔，谷物繁茂，烟苗绝迹，气象焕然一新！几个农夫在泥水里，汗流浃背的工作，忘掉上空里炎烈的日头，“锄禾日当午，汗滴禾下土，谁知盘中餐，粒粒皆辛苦”。今始体会真意，完全领悟了。前方将士拼命杀敌，后方民众努力生产，不禁增强“抗战必胜，建国必成”信念，为世界和平庆幸！四面虽在山色中，但小盆地慢慢出现，蔚蓝的天空笼罩住碧绿的原野，风吹草动，沙沙作响，充分地表现了北国风味。竟疑是接近家乡了，但理智立刻打断“白日梦”，这不是走向文化发祥地齐鲁，而是来到边境上的云南！

滇东生活程度很低，稻米蔬菜都很便宜，单人每月一块半钱（中央法币），便可解决了“食”的问题，在北方饭食无论若何“粗”，每月总要在三元以上，不禁有住家云南之想，但到处遇着喉瘤（瘿袋）的患者们，胯颈肿大，瘤肉下垂，又凛然而惧，愿早些离开了。曲靖在滇垣东北，扼川黔桂诸省要冲，西门外冈峦起伏，荒冢累累，为著名古战场，葬身山下健儿不知几千万人，行经其地，空气阴森，日光黯淡，不禁有“一将成名万骨枯”之感！城内曲靖师范学校内有晋碑一（即所谓小爨碑），书法劲秀，并为古代文献参考资料。聚城三十里许有温泉，泉为石灰质，水色清莹，热度宜人，原拟前往一浴，以事未果。

十、三千里终点的昆明

昆明为战国庄蹻故都，蹻自巴蜀黔中经略至此，潜号滇国，为云南简称之由来！隋置昆州，唐置昆州府，明清改称昆明府，地当云南盆地的中心，拔海一千九百八十二公尺，气候之佳，冠于全国。“四时无寒暑，一雨便成冬”，恰是最好的写照！下雨的机会虽然多，但“雨过天晴”，不似长沙贵阳那样讨厌，阴雨绵绵，令人窒息，沉闷，半天喘不过气来。云南南接安南，西邻缅甸，为西南国防第一线，数十年来国家多事，人们都焦虑边陲安全，以为 × 国政治经济势力要伸入云南，昆明市上怕 × 侨众多，佛郎充斥，染有巴黎气味了。现在证明事实超乎想象以上，昆明不是“九一八”前的沈阳，更不是“七七”前的天津，它是中华民国的净土，没有蒙上恶魔的灰尘，在这里我们知道，我们唯一的敌人是日本帝国主义，世界和平与人类正义都受到它的威胁，我们要负起神圣的使命，联合世界爱好和平的国家，以战争制止战争，把旧世界的强盗杀光！

云南民性敦朴直勇，当仁不让见义勇为的精神，在“讨袁”“护国”诸役，以至最近滇军抗战上，都显明的看出来。但眼光短小，胸襟窄狭，缺乏进步观念，不易接受新文化，是其短处。自抗战发生各地文化交流后，此风已在改变了。在目前民族解放革命斗争中，西南诸省（川黔滇）已变为民族复兴根据地，诸省一方应动员所有人力，财力，物力，支持抗战，他方应趁全国人才经济集中西南的当儿，推进建设。云南在这方面做的虽然不够，然已在努力了。

敌人大举内侵了，云南的民众也和他省一样，被迫着发出最后的吼声！知识分子都能认识现实，把握现实，在自己岗位上努力。女儿们已自家庭走向社会，丢掉脂粉着上戎装，齐一着步伐，高唱着雄壮的进行曲，表现出大时代的新女性的姿态！妇女战地服务团出发前方去了，那种慷慨激昂悲壮热烈的精神，更能刺激大众的神经，唤醒睡梦中的人们，“西南重镇”的昆明，已在活跃了！

二七，十二，八于昆明

选自《再生》杂志一九三八年第十期

// 临大长征剪影

——寄自云南蒙自西南联大

田 庄

……沿途向中小学同学讲演。内地青年抗战的情绪非常的高，而地方压力也特大。我们所说的，当然是一些他们自己或有良心的教师所不敢说的。有些同学，虽对我们讪笑骂詈万端，而我们仍屹然处之，必要时便出以粗暴手段。逐渐的，因生活习惯不同，清华同学与北大同学，形成对立。至昆明时，北大四年级同学首先贴出布告，要求学校仍以北大单独名义发给文凭。意思是因为清华学生早有酝酿，视北大与南开皆依赖清华而支持者。路上，那些同学只是打扑克，随时随地，十伙八伙。

从海道来者，笑话百出：至广州时，他们住在岭南大学。岭南学生多华侨子弟，服饰颇丽。临大小姐少爷，颇有些相形见绌之感；因之大家争先恐后购买衣服和化装品。不出一周，少爷们皆西装革履，小姐们则花袍高底，驾岭南而上之。他们在岭南住了一个月，到香港。香港的西洋货贵的要命。光彩夺目而且价格便宜的花袍料和日用品，则尽为敌货。于是，小姐少爷们大掏腰包，把日本货买了个满囊盈箧。至海防深感亡国惨痛之安南华侨，视此绕道逃亡者，为国家的珍品，饭食起居，不分男女老幼，皆殷勤招待。而彼辈丧心病狂，竟跑到日本商店里去吃冰激凌，冰棍；被一侨胞当场质问“好吃吗”？事后，并致函临大办事处，请严加禁止，在船上时，成双男女上到顶层甲板上，蒙毡而睡。盖彼此已视同家常便饭，不以为异了，他们至蒙自县（文法学院设于此）。居民多未见过此奇装异服之由麻人种，肥臀摇摆处，民众多尾随争赏，若看马戏者然。某夜晚，有一男生送爱人入城，至城门而返。（男生住东门外，女生则住城内）。女生单独行走城门内忽闪出黄制服大汉四五条，手举布郎宁说：“跟我们走”，女郎因乃老有经验者，乃曰：“作什么？你们要钱，我的皮包在这里，请拿去。”“不要！”大汉说：“咱们得玩一玩。”女郎大窘，但仍曰：“玩玩也得找个地方。”于是，随着大汉到城隍庙后，适一老妪在门外乘凉，于是，女郎大喊救命，始得脱。又有另外一对男女，挽臂而行，被一宪兵拦屁股就打；事后并抓进司令部，每人责打手板二十。其次，是某女士与新爱人至南湖畔，在蒙自民众观瞻下，竟来枕大腿而撒娇之举。于是蒙自地方人致函学校当局，谓蒙自人民希望临大学生，从平津带一些亡国惨痛，而不希望带这摩登来！

这些事件我们的朋友中间，是不会发生的。

我们到蒙自时徒步走的正是五四。于是大家召集了个十九周纪念会，申明五四精神。并提议组织北大同学会。在五八，是清华纪念日，梅校长到蒙自，清华举行了一个很大的茶会。就在这一天，许多同学主办了第一次抗敌宣传大会，冒雨到街头讲演，而且还是同各种同学联合举行的。目前计划作的向民教馆接洽，筹办民众识字班，定期作通俗讲演，茶馆里设抗战讲演，出版两种壁报，成立话剧团等。

我们和昆明理学院的“朋友”们是联系起来的。到昆明时，住昆华师范，许多同学（师范同学）找我们讲话，因之也和他们取得了联系。那些健康，美丽，活泼，勇敢的小家伙们，无论谁看见会欢喜的。五四云南的纪念大会及五九宣传会，他们都积极参加着。不过在争取地方当局帮助并参加抗日救亡运动这一点上，我们和他们，正在努力。……

五月十二日

编委会诸同志：

这是一位文艺青年同志，寄给我的一封信中的一大段，读完之后，觉得很有同编辑先生们及读者见一见面的必要。因为这里画出所谓中国最高学府在抗敌时逃亡的面容，启示出大学教育若不速加改革，一般青年沉沦没落的危机。至于，对那些提倡“读书救国”，要求参加救亡工作的青年，必定回到学校去才对的人们，给一个有力的答覆。至于，针对着抗战的需要，怎样来实施教育，更该强调的提出了。

再有，在那儿，学生们的宿舍，教室，图书馆，自习室，完全是混在一间屋子里；教授们，一门课两三个人教；参考书缺乏，又都不能教得精彩，甚至朝老学生借笔记。有的，我在湖南南岳时，即目睹了。这种敷衍式的大学，究有什么用呢？则只有恭听编辑先生们的高见！

有人说，这不是为学生读书着想，而是给校长教授们找安全，逃难。但是，我总不相信，中国一直主张而且高呼“读书救国”的人们，在政府领导抗敌的期间会这么办！人该是有人格，有血气，说得出做得到的！不过，一转念，他们实际也许作得到了。现在不是仍然提倡“读书救国”吗？

可是，这时，我仿佛看到了中华民族的疮疤，又想起人们常说的“寄生虫”！战士的血肉呵，好似有数不尽的苍蝇在那里吮！我感到人类的大悲哀，青年人的愤火！于是，更愿意把这篇通信寄上。编者先生们感到些什么呢？

为了中国抗战中的文化运动，为了中国青年甚至我们文艺青年，会得到大好的熔炉，给国家作出些个事，对抗战服务，希将通讯及这封信刊出。能给教育界人以警惕，给青年人以忠告，也许还是有希望的，是中华民族的幸运！ 不到处，望诸公指示！此致敬礼。

师田手敬书。

六月六日

选自《抗战文艺》一九三八年第二卷第一期

// 从长沙到云南

志 鸿

离开长沙已经整整两个月了，万里的跋涉在今天告一结束，昨晚到达蒙自。

一月有半的流浪生活，我已经过了两个国家，说四种不同的语言，走遍了东南亚的地带，看到许多离奇古怪的风俗人情和触目惊心的革命情形，我的感想实在太多了，如果有一个出版的地方，我真想把我所见所感的写下来成一部书。但是这里，我只能报告一点很小很小的沿途情形。

在终日处于敌机威胁之下的广州，我们因为等候滇中开讲的消息，整整过了一个月空袭的生活。广东人一种蛮干苦撑的精神，留给我们一个极深的印象。直到参加盛大的黄花节火炬游行以后，第二天，我们在敌机轰炸声中，才离开了广州。

到香港有两天的勾留。在那里，从天南地北逃来许多高等华人，使香港变成了一个世外桃源，许多有钱人挤在这块地方，依然过着荒淫的生活，漠不关心到国家的存亡！在那里，我们第一次坐了爬山电车，攀登香港的绝顶，望着浩荡的海水和鸽笼似的高楼大厦，惊讶着这九十年前小小的荒岛，居然会造成今日的地位；也在那里，我们拜访了一次五百年前亡国的遗迹——宋王台，那就是陆秀夫负南宋末帝昺投海的地方，看拍岸的惊涛，和夕阳西下出没的渔舟，遐想到五世纪前大汉民族在这里所造成的悲剧，到如今只剩下几丛荒草和一堆乱石，在黄昏月夜，海浪吞噬着岸边的沙滩，似乎喁喁地诉说着那亡国的哀怨，想来陆秀夫的尸骨早已变成海底的化石了。

八号离了香港，我们船驶出海湾不远，就遇见一只敌舰，遭受他们一次检查。十一日到达海防，受本地的华侨热烈的欢迎，食宿一概由他们供给。他们有自办的会馆，中学，小学，报馆，每晚他们把从无线电里听来的消息做成壁报分送本地的华侨，他们还有缩食的组织，把节省下来的钱，按月捐助给国家。这种热心救亡的情形，真使我们感动。

在海防二日，我们看到沦为殖民地的安南人是过着怎样一种非人的生活。他们肮脏，贫困，无知，口里嚼着槟榔，把血红色的唾沫，随便吐在地上，看了使人恶心。海防是一个扒手比什么地方都多的都市，口袋里的钱包，怀表，自来水笔，甚至头上的帽子，脸上的眼镜，一个不留神便会被他们窃去，他们不但是偷，而且是抢，到商店买东西，银钱放在柜台上，便会冷不防的被人抢去。如果你捉住一个贼，你尽可恣意的拳打脚踢，安南人是不会喊一声痛的，在他们的主子统治之下，他们变得比羔羊还要驯顺。因生活的压迫，他们为求肚子饱，甘心受一切苦楚。离海防二十里，有一个滨海的地方，名叫桃山，那是法国人夏天避暑的地方，沿海尽是一些富丽堂皇的西式别墅，旁边配衬着破坏不蔽风雨的安南人的茅屋。他们贫困得怕人，在海防我们看不到一个安南人脸上有一丝笑容，迟钝憔悴病色，每一个安南人都一样。高等的安南人会说法语，他们自以此为荣，有时甚至丧尽良心，反过来压迫本国的同胞。每当看见安南的巡捕在痛打他同一血统的安南苦力的时候，我心里终觉得意外的难过，从此我才知道做亡国奴是怎样的滋味了！如果我们不抵抗，被日本征服了，安南人的目前的命运，马上就会降临到我们的头上来！

但是在黑暗中有时也会透露出一线的曙光。在滇越车中，我们遇见几位安南青年，承他们告诉我们过去许多可怕的事情：大批的人们，为了祖国的自由，被惨酷地杀戮掉！但是，尽管环境是这样的恶劣，许多安南青年们总是不息地为自己民族的自由而奋斗。虽然统治者的手段现在在采取和平政策，尤其是法国人民阵线上台以后。

安南现实行一种拉丁化的文字，用二十四个罗马字母拼成，辅以几种符号。安南没有固有的文字，以前通用汉字，普通人感到很大的不便，后来出现了这种新文字，听说是安南人编制出来的，行使很有效力，普通人学过一个月便能阅读书报。在海防，我们看到码头上的苦力和商店里的伙计，都读这种文字的报。可惜我们看不懂，不然一定能知道许多事情。

从印度支那的平原，走到云南盆地，尽是一带不绝的崇山峻岭，上面布满了密密的原始森林，山沟里长满了包蕉树，累累的香蕉，熟透了还没有人去摘。丰富的云南，一切得人去开发，如果不是抗战，这一块肥沃的盆地也许永不会被人知道。我觉得开发边陲，是我们抗战中的一桩主要工作，因为这里一切都不如内地，文化程度低落得出人意外，人民还是葛天氏无怀氏之民，终日混混沌沌，不知外面世界发生了什么变动。我们过去的文化太集中于少数沿海都市，所以会造成内地文化一般低落的现象，目前正是我们纠正这个弊病的机会，现在，我们应该赶快培植内地的文化，以为建设近代国家的基础。

四月二十日于云南蒙自国立西南联合大学。

选自《青年抗敌特刊（旬刊）》一九三八年五月二十五日第十六期

// 横过湘黔滇的旅行

向长清

我们一共有三百多个伴侣，大半是来自战区或者内地的贫苦孩子。

每天，当五更时的雄鸡叫出第一声洪亮的啼声之后，那吹号的同学朦胧地爬起来，吹出一阵阵不十分纯熟的破裂声响。那怕平常最爱偷懒的，在出发前的喧嚣中也只得用两只手拼命的搓眼睛，一咕噜的爬了起来，招扶着他那同伴，迅速的，小心的卷起他们的被盖，然后由一个人上肩背到运送车的侧边，堆叠成一版花花绿绿的城墙。傍晚，遇着宿营地离公路有三四里的距离，则当从运送车取了行李搬到自己的宿所之后，禁不住要发生强烈的喘息，心想，“明儿早上可真糟！”然而，一到平息了下来，则一切什么又都忘到了脑后，只管到水溪边或者清水塘里把一双脚连草鞋一并浸在清凉的水里，静静地回忆一天中间所见到的新奇事物。也有人从怀里掏出日记本子使劲地用钢笔在写，直到太阳隐藏了他那最后的一丝光线，一伙儿才回队团团的围在厨房边等候吃饭。

三千多里的途程，在平常要是有人叫我们来一回步行的尝试，恐怕我们会觉得那是怎样的不近人情罢？然而我们一伙儿到底是这么做了，而且也没有遇着一点什么原先预料的困难。尤其是当经过镇宁的时候，在那里遇着几个挑担长行的宝庆笔贩子。他们的谈吐在那时差不多使我们每一个人都觉得惊异，一副几十斤重担子他们居然能够从宝庆挑到云南，再由云南挑到四川。据说来一次可以得到十倍的利益。我想，他们之所以能够这样，恐怕也是由于这种缘故。

但在我们，情形却是两样的。行军的开始的确我们全曾觉到旅行的困难。腿的酸痛，脚板上擦起的一个个鲜明的水泡诸如此类实在令人有“远莫致之”的感觉。而且那时候行军队形是二行纵队，一个人须提防踩着前面那个人的脚后跟，又须提防后面的人踩着自己，两只眼睛脱离不开那狭长的队伍，只好暗地叫苦而已。但后来，自从我们的团长宣布“只不准向前落伍者听”的命令之后，好一些人都像是得到了解脱似的一到大休息地之后。（大休息地是每天中餐打尖的地方，约为每日行程之三分之二）就懒散了下来，让一群“孔武有力”的朋友们尽管大踏步的先步走，而自己却邀了几个同伴在后面开始游击。（在我们的团体里落伍就叫做打游击）两个多月的经验使我觉得“游击”的确是一个长途旅行的妙法。依经验无论怎样在天黑之前是总可以到达的，只要路上没有抢劫者，只当是像平常在郊外散步一样，一点旅行的苦痛都不会觉到。因此到了某一个时期当行经山岳地带的时候，一见小路，不待大休息整齐的队伍立刻就会化整为零，哪怕勇敢的朋友们一口气就到了山顶，而大半却坐在山腰喘息。真像要命，好半天才又懒洋洋地爬上一段，重新坐下。

奇怪的是到了第十天之后，哪怕是最差劲的一个也能够毫不费力的走十四十五公里，而且那怕一游击就成了零碎的一群，而每天一到晚餐的菜蔬由厨房领了来的时候，不用清查，吃饭的始终少不了一个。脚板皮老了，即使赤着脚穿上粗糙的草鞋，担保不会再磨起水泡。腿也再不会感觉得疼痛。头和手添上一层黝黑的皮肤，加上微微的黑须显示出我们的壮健，的确我们全是年纪青青的。

“妈的，又是山！”虽说如此，我们对于山却仍然没有好感，远远的看着那黄褐的大道快又要翘上山去的时候，自然而然的又要发生厌憎的心理。哪怕那善于揣摸心理的参谋长尽管在旁边打气，想一口气冲上去而除了一部勇士之外却都漠然无动于衷，相反的倒渐渐的慢了下来做着游击的准备。

为了制止一些人的瞎冲可苦了我们的团长。一次，他骑了线车飞快的想赶到最前面去，正当下坡，遇着一群载重的马匹遮拦了前面的道路。地势是那样的，一边是山坡，一边是深谷，公路打从山腰经过，掉下去准只能拾起一把骨头。车已经收不住势了，马却并不曾让开，于是人倒了下来滚到悬岩边。幸而有一块石头拦住，同时一个同伴飞快的赶过去扶起，就这样他的头部已经受了几处重伤。鲜红的血液滴下来，只好用洗泥水洗洗再把布紧紧地裹扎。然而他到底是一条好汉，当我们的队伍到达宿营地的时候，却见他虽说缠了几道难看的白布，而精神却仍然非常的抖擞，站在那里，对别人讲述事情的经过。

一路上我们也爬够了无数险峻的山峦，假使你看到五里山、镇雄关、关索岭之类的地方你会觉得南口、居庸关也不过是那么平淡无奇的，尤其在普安从山顶到山脚弯曲着廿四个"之"字，连湘西的公路也不曾见到过的人恐怕不能够意识到那地形古怪的奇趣罢。当你看见一张张绿油的车辆像绿甲虫似地在一条狭小的土路上爬行（因为从山顶看广阔的公路往往就成了一条窄狭的山径），你会想象那是怎么样的奇迹呀！人类的文明征服了海，也征服了高山，在昔日一夫当关的险要却消失，破坏在那便利的交通器具上了。

一清早爬起来，吃过早餐之后就只惦记着那天的途程。出发之后眼看着路旁那矮小的公路碑牌的号码的增加或者减少，心里面也渐渐的加多了喜悦，像是快完成了每天的任务。行军是不分天晴和落雨的，除了在大都市为了顾及同伴们考察多停留一两天之外，那怕是下着倾盆的大雨，当集合的号音吹了之后也只得撑开雨伞让雨滴飘散在衣服的上面。穿着草鞋的两只赤脚浸在泥泞的秽水里面怪难受的，而且雨天的草鞋下半天总会生出来一些难看的胡须，乞义乞义的把泥水溅到裹腿上面成为一大块乌黑的斑点，有时甚至飞溅到裤脚上，这够使人觉得烦恼。一次，一个同伴在歇宿的地方想把那污秽洗去，向屋主一个年老的村妇去借脚盆使用。

“你们不好到外头的沟里去洗么？ 粮子都是在那里洗的。”她说，这固然是一个理由，但我想大概也是过去受兵爷的恩惠太深的缘故罢。的确，除了好些人多了一副眼镜之外，我们的外表简直就和大兵一样。一路上有说我们是警察，也有说是宪兵，也有说是航校学生或者从前线退回的队伍的。

“同志，前线的消息怎样？”或者，“你们的枪呢，同志？”那朴实的面孔上往往表现出一层惊异。那话语给我们以回答的困难。

三千多里的行程中，我们的宿营地只是学校、客栈，以及破旧的古庙，在这里是不能讲究许多了的。有时候你的床位边也许会陈列得有一口褐色的棺材，有时候也许有一栏猪猡陪着你睡，发出来一阵阵难闻的腥气，然而过惯了却也就都并不在乎。那白天怎样的觉到那地方的肮脏，一到晚上草填平之后，你就会觉得这是天堂，放倒头去做你那甜蜜的幻梦。过度疲乏的人是有些“饥不择食”的。七十天中我们也过惯了兵爷们所过的生活，无论草地或者公路上只要自己一发懒就一屁股坐下，没有谁还顾及到会沾上一大块难看的印的。

夹路的山从湘西直送我们到贵州的平坝，濛濛的，滂沱的雨直送我们过贵州的境界。那山，那水，那雾霭，那雨滴将在我的记忆中划下来一个鲜明的轮廓，清晨的朝霞和傍晚山间的暮色会加增了我的亲切，但一天天的远去，瞧着异乡的一切是颇容易使我们触目伤怀于那已经或者尚未沦陷的迢迢的故乡。

也许有人会嘲笑我们一群的懦弱无能罢？在这里用不着分辩，对已上前线的同伴我们是万分的表示敬意。可是难道来到这辽远后方就当真是为着苟安的？

这一次旅行使我感觉得如同经过了几个国度。由桃源到沅陵就像是经过恐怖的山谷，一路上从前我所曾经过的地带的矮旧的木造屋子全紧关着。让屋檐下挂满一层层的蛛网。那狗的声音却叫得比平常格外的凄惨。一个大的院落中你只能看见一两个老年人或者看家的妇女，悄声咽气的像在等候着什么不幸的事件的来临。山峰上时而也有几个人的踪迹，谁知道他们是否即是我们心目中的所恐惧的土匪？老实说，从桃源我们就已经装满了恐怖的心理，对前路谁也没有把握，所能自慰的只是我们没有枪也没有钱，遇着了，他高兴怎样就怎样。当在官庄的时候听说有几百条枪已经渡过了辰河向这边追赶，恰巧中央军校也打从这里经过，据说他们已经是荷枪实弹的在准备演习剿匪了的，谁知道土匪们赶过河来究竟是为的什么？

山！我们终日所能够看见的只是重重叠叠的山，谁知道什么时候从那一个方向会爬过来土匪的队伍。

一晚，黑沉沉的没有月光。因为行李车只有一辆，当末一次装着行李盘绕过五里山的时候，已经有了十点多钟，黑暗里借着手电的微光扛着笨重的行李爬上山腰的宿所，好几次几乎掉下了深深的水沟。末了，把铺盖摊好睁着朦胧的眼睛正想倒下头去；忽然间传令兵传来了一个可怕的消息，就说那一批匪快要迫进了这里，顿时山腰间布满了紧张恐怖的空气，灯放射出可怕的黄光，到后来索性吹灭成一片漆黑。最初有人主张放哨，可是赤手空拳的那有什么用？幸而我们的大队长挺身出来愿独当一切。时间一分一秒地爬去，土匪都没有来，恐惧终究是当不过疲倦的，你知道。因此当第二天那破裂的号音在屋角叫响的时候，我们才知道已经平静地度过了一晚。

“老人家，这里匪那有这么多呀？”当我们坐在茶馆里休息的时候，我们常常爱向那老掌柜的问着。他却只摇摇头，轻轻地说：

“这个年头嘛，真要命啦，几个月里头就抽了几次，五个丁要抽四个，抽的抽走了，逃的逃上了山啦，先生。”

我深深的感动，想到那下层保甲办理抽丁的缺点，一方面无可否认民众们对于抗战是还没有深刻的认识，一方面也许实在是“整老火了”的缘故罢！要不然为什么大多数的人们会舍弃了自己安乐的家跑到深山中餐风宿雪的受苦，我知道他们之所以这样，并不是单单地为着怕死的。但后来当我们到达沅陵时，问问县长，他对此却是一无所知。

直到现在，我仍然觉得湘西是一个恐怖的世界，虽说我们一路上并没有什么不幸的遭遇的通过了湘西。

再一次在贵州经过匪区的时候，我又得到了一些新鲜的材料，那天我们歇在一个小小的县份亦资孔。第二天轮到和一个同伴保管行李，因为是派在第二次车，我和他想回到街上去找点水喝。到一家屋里，另一个同伴正坐在那里和老掌柜的闲谈，他热心的把我们两个也招呼了进去谈讲，谈到前线，谈到土匪和他们的区长。末了，他小心的朝外面看了几眼，然后轻轻的说道：

“活不了啦，我老到了六十几，先生，你看，出了钱就是匪也可以保出来，没有钱你就千真万确的是匪。要砍头！而且每回每回，一有军队过路，就排家排户的派粮食。你们这回也一样。他是得了一大笔钱了的，我们哩是一个烂眼钱也见不着！”那爬满了一条条皱纹的脸颊隐藏着一层深深的忧郁，我真恨，真恨不知道该怎样的去安慰那忧郁的灵魂，我真不懂为什么好些地方会那样的如出一辙?

自从进了贵州，我又像到了另一个国度。濛濛的雨，濯濯的岩山，红白的罂粟花，瘦弱的灵魂，是一切永远不会使你忘掉的特色。

谁知道什么年代起这地方的人就变成了这样的苍白，孱弱和瘦削，我不信这全是由于他们自己的罪过！我仿佛觉得一条蛇或者一只猛虎扼住了一个人的咽喉，谁知道是什么时候才到他解脱和忏悔?

我曾见到一个十六岁的小孩，问他说是一天要吃两钱烟膏，我劝他，可是他说：

“上瘾啦，先生，一下戒不脱的，谁不晓得戒了好呢？”对着这种情形我只好叹息。

黔东公路的沿线是看不到烟苗了的，可是过了贵阳之后那大朵的红的或者白的罂粟花却到处可以看见，说是说明年禁绝，可是谁能担保一定能够？

入了贵州境，一路上的人大都起得很晚。十点钟以后还有好些铺子紧关着门板的。为了什么我不懂，因为晚间也不见得是比外省人关得迟的。

三千多里是走完了，在我的心头留下了一些美丽或者惨痛的印象。恐怖的山谷，罂粟花，苗族的同胞和瘦弱的人们使我觉得如同经历了几个国度，此外我没有得到一些什么更多的东西。一路上简直就看不出什么战时的紧张状态，只不过大都市里多了几个穷的或者富的流浪者！乡村中充满了抽丁的麻烦或者土匪的恐怖而已。

选自《烽火》一九三八年十月第二〇期

// 千里上课记

保兰冯

去年春天，我们长沙临时大学同学二百五十人，教授五十人左右，徒步离长沙向西直走到一千里外的昆明新校去，这可说是开了世界上课最长路程的新纪录。参加徒步长征者于二月二十日出发，在恰恰六十八天之内走完了这路程，每天步行十五里至五十里，平均每日约走二十四里，最后于四月二十八日到达昆明。

临大系由国立清华大学，国立北京大学与私立南开大学三校于一九三七年秋季在长沙联合成立的，这时候日本空中的轰炸与烧夷弹的燃烧已将南开校舍化为平地，同时日人在北平的军事行动，亦使清华与北大无法在平开课。可是，临时大学的寿命却见得不长，巨大的日机，每从并不遥远的根据地出发，挟了死亡的武器，频来探访长沙。这足以打碎临大对于平宁和自由底希望，在此地求学是那么紧张的。

经过一九三八的早春，情形变得格外严重，因为战事飞速地扩大到扬子上游的地带来了。看样子学校的迁徙是急不择待，于是临大当局便决定主意，这一次一定要将学生撤至敌机不能飞达的内地去，他们就这样决定了迁至云南省，中国西南的后方门户。平静时候，云南省是并不多大重要的，但随着抗战局面的展开，它却成了政治上及军事上的冲要地带。在从前，一九一五年的革命，蔡锷领导起义，向北推进，终于推翻袁世凯的帝梦，在今日，中国国家的生存处于绝续存亡之秋，它将是培植青年以充实抗战干部和建设人才的地方了。

现在，另有一个光荣应归落到滇省，即是连同四川，该省行将成为最重要的文化与教育的中心，临大新址，就设于该省省城昆明，更名为西南联合大学或简称联大。

当临大决定将学校撤至内地以后，学校当局当前就逢到一个难题，那便是用什么方法移动这一千学生，一百教授和为数不少的办事人员以及学校的仪器设备。这个问题，鉴于湘滇间现在的运输情形，确是不容易解决的。

经过了一番商议，终于决定了绕道而走的办法。先从长沙搭车，取道广州到香港，再从香港走水路到海防，然后从海防再坐火车到昆明。

但两头趁火车，中间坐船，大半的行程必须在异国的土地上驰驱的。这种旅行办法，对于富有冒险精神的学生——他们想顺便在迁到新校的路上看看自己国家的内地情形——以及心向科学与抱有社会学见地的人，远不感到兴趣，而且也太平静了，对于青年的精神不相合适。

这种见地，大学当局颇表同情并且了解，就是湘省当局也是如此。所以，学生们要求徒步行走湘滇之间的一千里路程，两者当局均加裁可。

湘省主席张治中既全盘赞同这个提议，便指派一个退职的军官洪锡和上尉来领导我们经越华中这带虐疾传染且有几区是盗匪横行的区域。洪上尉那时在省政府当一名顾问，虽然已上了年纪，但特别适宜来领导这次长征，因为他不仅曾经当过兵，惯于跋涉，而且还极其熟悉这次长征所经历各地方的地理情形。至于这次长征学生的人员选择，是以一般的身体状态以及在大学里学业的成绩做标准的。所有参加的人都须经过彻底的体格检验，以确定能否抵挡得住种种苦难，这在如此艰辛的旅途上是可以预料而碰到的。下面一段日记的摘录足以显出参加者对于跋涉长途所表示的热诚！

“当校中布告从长沙徒步出发长征昆明时，我决定参加，……早晨（一九三八年一月十三日）我跑到学校里去，听说我的名字已经允许列入长征昆明的一群名单中，不禁大喜！”

由大学里两个军事训练员襄助，洪上尉将着手参加长徒步行走的三百十个同学照着正规军队的格式组织起来，全团分成两大队，置于严格的军事纪律之下，甚至于全体一律都穿军队的制服，每一大队再分成三小队，每十五个学生组成一小队。全团人员由军事训练教官统带，归洪上尉指挥。这些统带人员组成一个司令部，另由教授职员和特选的学生所组织的特别委员在旁相助。司令部下分设两处，即有三个医生的医务处和有两个会计员的经理处。

教授职员所组织的特别委员会负责指导长征中所预定的教育和科学的工作。这些人之中有植物学家，动物学家，地质学家和物理学家，他们为学生做好“游览”计划，应如何进行田野间的观察，应如何采集学校标本。

在长途走行的同学中间，还有许多研究社会科学的，他们抱了研究沿途各地居民的社会状态的希望而参加长征，这种希望后来是实现了。到贵州，我们人为苗族所款待。在这里，我们对于苗民的表示明显的国家意识的程度，以及对于外间世界进行的大事，尤其是自己祖国与日本之间正在剧战这番事，并不完全茫然，非常惊异。在一个社交的集会上，苗民对于访问者给与正式的欢迎，并演唱山歌和民间跳舞盛待我们。我们无论在城镇或乡村过夜，都到处受人优渥地欢迎，官民双方都予我们以种种的帮助。

到实在无法步行否则将发生不可克服的困难的地段，我们方始坐帆船或其他原始的车辆。但全程六十几天，内中只有四天，我们才被迫求助于这种运输的工具。徒步者旅途轻快，行李每两个人打一包，装在跟着长征的两辆卡车上面，笨重的行装则早已同着学校的动产，经由广州——香港——海防的一路，在前头运去。

除了单薄的服装外，每人都加发一件军用棉袄，这一件衣服后来见得大有用处，尤其在出奇寒冷的夜晚。一出湖南常德西面，雪花的飞飘对四周田野添上了一点冬日之美的意味。长途中，有几天，大雨滂沱，我们冲向急雨中去觉得很有趣味。

脚走得起了泡的医治占去了医务处的大半时间，虽然医生也直忙着帮助徒步者之身体安健，但并无重病发生，就是伤风之类的轻病也极少。参加者一律种了牛痘，和打了预防伤寒针，所以全途没有一人感染到那类传染的疾病。

一切对于匪徒的恐惧，结果证明绝无根据，因为一次也没碰到。要是依照往常走这条路的人遇盗脱身的传说判断起来，那么这次长征可算是平静无事的了。只有一次，司令部发出警告，其时中央军官学校学生正在我们的前面不远，统率人员恐怕匪徒一定就在附近，要垂涎军校学生的武器，前来抢劫，但我们一路前去，并无任何不幸的遭遇。

我们走三千里路，为时六十八天，一共用了一万八千元。旅途中，每人每天得四毛钱的膳费，两毛钱的零用。同学们把零用的津贴大半化费在购买小小的乡土的纪念物和草鞋上面。

临大在西南联合大学这新名称之下，于去年五月初重复开课。因为昆明缺少地方，文法两院不得不迁设蒙自——离昆明朝西不远的一个大城。工院农院科学院则仍在昆明上课。这一学期学校只开了三个月课，到七月便放暑假了。从八月到十一月，所有的同学全体派送军营，受军事训练。秋季始业到去年十二月才开始。在临大，原有同学不过一千，现在注册人数已增至二千一百了。

选自《大学生战时生活》，张毅编，毅社出版部一九三九年四月出版

// 从长沙到昆明的路上

源

自从北平失陷后，北方的大学不甘受敌人的播弄，都相继的搬到了内地去。有三个很有名望的大学便联合起来组成一个大学，设立在长沙。这大学设立了不久，长沙市内便受到严重的敌机轰炸，并且似乎这大学也成为了敌人的肆虐的目标。学校当局为了学生的安全和教育的继续起见决定搬到昆明去，以便一劳永逸，才是长久之计。搬家不是件容易事，这么多学生怎么办？学校里向省政府商量，省主席的办法是组织徒步旅行团走了去，不但可以锻炼身体，而且可以增加见闻，于是这个团体便由学校筹备了些时日，终于成功；并决定了启程的日期：二月十九日。

从小我便憧憬着大起来时做一次伟大的旅行。我希望我的足迹印在地球上任何一个角落里，这机会终于临到我的头上来了。我怎能不抓住它，经过父亲的设法，和母亲的同意，我便也成了这旅行团的一份子，我的弟弟也毅然参加了这团体，陪了同走，这使我格外高兴。

团员共有三百多人，除了学生之外还有几位教授。这几位教授中有的是闻名全国的化学家；有的是年高学博的文学家；有的是经历各省的地质学家；有的是热心办学的教育家；还有医生，记者，由一位某师长率领，这种举动真是我从所未闻的，多么伟大啊！

我们的步行是由益阳开始的，你若愿意的话，不妨请你把地图翻开，看看益阳究竟在那里。原来常德是我们必经的地方，从长沙到常德水路比陆路近得多，于是我们打算先坐船到常德，从常德开始步行。不料船走了两天光景，到益阳附近的时候，遇到了浅水，船搁浅起来。我们只好回到益阳，从益阳开始步行。

我们的团长是有军事经验的，他知道我们是一群身体娇弱的书生，平时出门还要坐车，现在走许多路岂不是件难事，便命令我们第一天走三十五里，三十五里是多么短的路程啊！一小时走五哩，七小时便可走到，我便放心走去，走路时，因为路途遥遥，穿皮鞋太不经济，便穿草鞋，（所谓草鞋，不是草做的，而是麻做的）这草鞋一穿不紧打，走了十多里路后，脚上便起泡，慢慢的痛起来，走了二十多里时，更痛了，我已被剩在后面很远，连我的弟弟都不知去向，渐渐一步步的挨到了目的地，脚痛，腿酸，背痛，浑身都是难受。但我在精神上却毫不觉痛苦，决定明天拼命。

第二天团长下命令要我们每天走四十五里，一下子，就长了十里，我心中暗暗叫苦。这次走时我把草鞋用心缚好，袜子穿得特别厚些，拿了一根树枝当拐杖，叫我弟弟不要走得太快，陪了一起走，这天走下来的战绩居然比前一天好些，除了脚痛之外，似乎没有什么别的毛病了。泡磨破了的地方向医生要了绷带扎起来，虽然有点痛，但我写信给家里时说："我的身体好极了，别人都脚痛，惟有我不痛！"

这样一天天的走下去，成绩渐渐进步。直到后来在冰天雪地下每天走七八十里路都觉得很容易了。后来一位教授先生对我说："人家都说事非经过不知难，我却说事非经过不知易，我们以前都觉得一天走七八十里路是很难的事，现在不到一天便可走了这么多路。"这位先生已经有五十岁光景了，他永远走在别人前面，他的精神是可佩服的。

我们是沿了公路走的，中国近年来公路的进步，连外国人见了也要叹服。据可靠的统计，各省的公路总计不下十万里。在质的方面湖南省的公路据说可以居第一位。当我步行的时候，我对公路便相当注意，湖南多山，修起路来很难，但湖南省的公路却造得极坚固，并很平坦，卡车的速度尽可在每小时八十里以上而不生危险；桥梁的建设也非常好，汽车可以很快的驶过。每个桥上都有号码和里数，这样若有一个桥坏了时，便可以很快的修理；路旁除了电线杆外，还种了很大的树，多半是桐树，这不但增加了路的美观，还可调节雨量，生产桐油，意义是非常重大的啊！

虽然不能讲湖南方言，但用一口流利的国语去和湖南人谈话却是他们所欢迎的。湖南人有刚直的性情，同时因了土地的肥沃，养成豪爽的性情。我觉得他们非常可爱，一次我和我的弟弟，走到一家商人的门口，看见里面在地下有个坑！坑里生起火来，房梁上垂下来一根绳子，就用这绳子吊了茶壶放在火上面烧水。围了火，一家人坐在板凳上谈天，汹汹的火光，照得每个人脸上发红，四周却是黑漆漆的，充满了乡村家庭的乐趣。我们看了非常羡慕，便也进去，请求和他们一同烤火，他们竟非常欢迎，站起来让位子给我们坐。

选自《萤光》一九三九年第一卷第四期

// 从长沙徒步到昆明

——临大师生的迁往新校址

(Sanday Magazine)明夫 译

去年春间，长沙临时大学二百五十位学生，与五十位教授，徒步迁往他们的新校址——位于云南昆明，在长沙直西一千里，创立了世界上步行赴校最长跋涉的记录。

参加这长距离步行的人，是从二月十日出发的，整整跋涉了六十八天而到达。每日所走的距离是从十五里到五十里，平均每日行走二十四里。四月二十八日，他们到达昆明。

该大学是由国立清华大学，国立北京大学和南开大学所合并而成的。这联合大学是在一九三七年秋季，当日人以飞机炸弹和燃烧炮弹，摧毁南开大学校舍的时候，在长沙设立的。

可是，这个新学校却又未能久安。巨型的日本飞机，装载着致死的军器，不时地从距离不十分远的根据地起飞，来袭击长沙，粉碎了这大学的企求和平与自由的希望，这和平与自由是求学研读所必要的。

在决定将该大学迁往内地去的时候，学校当局就遇到了怎样移送这一千位学生，一百位教授，许多办事职员，以及学校设备的问题。鉴于那时湘滇交通实况，这个问题的确是不容易解决的。

有一个主张是，采取一迂回的路程——由铁路自长沙经广州至香港，再由香港乘轮船至海防，再由海防乘火车抵昆明。

但是在比较有冒险性的，他们希望从迁往新校舍的途中，去认识他们的祖国，以及爱好科学的和关心社会学的认为经由铁路——海洋——铁路的旅行，并且经过好多外人领地，是太无趣太平和了，那是与青年应有的精神相背驰的。

学校方面同情于而且了解这主张，省政府也赞成这见解。他们都给与了学生们以自长沙步行一千里到昆明的许可。

这个建议得到了湖南省主席张治中将军的赞同，他推举了一位退休的军官黄师岳中将，领导他们去经历瘴气流行和若干有匪盗出没的华中地域。

黄中将是省政府的参议，虽然他年事已高了，来领导这远行队伍却是最适宜的人物。他不仅是一个饱经长距离行军的士兵，而且十分稔知他们所将经历区域的地理。

参加这长距离徒步的学生，是根据了他们的体格健康情形，和他们在学校中的地位而挑选的。所有参加的人，加以严密的体格检查，验明他们能否耐受这长途跋涉的辛苦。

下面的一段是札自一个学生的日记中的，它记载着参加者对于该长距离跋涉的热情：

“当校中宣告了长沙到昆明的徒步行走的办法，我决去参加…………早晨（一九三八年二月十三日）我到校中去，看到我自己的名字在允许步行赴昆明的名单之中，真愉快极了。…………”

这长距离徒步的队伍中，有许多研读社会学的学生，他们怀着考察他们所经过区域居民的社会情形的希望。

在贵州，他们曾得到苗人的款待。在这里（指贵州），苗人们所表现的很显著的民族自觉，与他们的并不全与外界事全然隔膜——尤其是他们自己国家（中国）与日本间之战事，使得学生们惊异地见到了。

晚间无论歇宿在大镇或乡村中，这团体处处都受到热切的欢迎。地方官员与民众纷纷给予他们各种帮助。

这群徒步的人们携带着很少的物件。他们的行李，两个人一捆，是装载于二辆运货车中，陪伴着他们运走的。过多的行李则同着该大学的可移动的校产，经广州——香港——海防的交通线运往。

在俭约的衣服之外，每人都给予一件军队中所用的棉衣。这衣服是很有用的，尤其是在特别寒冷的夜间。

医药部最繁忙的工作是医治足上的起泡。途中并没有发生严重的病症，即是普通的感冒症都几乎没有发生。

因为事前都种植了比较易传染之病症如伤感和牛痘的预防苗，所有参加跋涉的人在他们的行程中都安然未为疾病所扰。

六十八天的三千里之步行中，所有参加者的费用总计一万八千元。在这旅行中，每人每天收到四角膳食和二角零用。后者大都是用于购买土产纪念物和芒鞋的。

在新的名称下，西南联合大学在去年五月初重行开学了。七月降临，暑假开始，这一学期就结束了。

从八月起到十一月，所有学生都送到军队中去受军事训练。秋季始业的一学期是去年十二月开始的，临时大学原来有一千学生，现在于该大学注册的已有二千一百个学生了。

选自《译丛周刊》一九三九年第五十五、五十六期，译自《星期杂志》

// 滇越道上

金永祚

我生平最爱旅行，然而事实上除掉在襁褓时到过一次北平外，根本足迹就未尝离开过江浙二省；这次由上海到昆明来，飘过大海，到过异国，所见所闻，尽是些家乡看不到的景色，书本上读不到的知识，这总算稍偿我的夙愿了。十二月十三日，一个细雨濛濛的早晨，我没有一丝留恋地离开了上海。

由上海到香港，我们趁的是吕兴公司的俄罗斯皇后号，该船船身相当的大，因之颠簸并不觉厉害。虽然我们是坐三等舱，也还觉舒服，舱房相当的清洁，且另辟有休息室，内设有小型图书馆，闲时在里面随便翻图书报，或到甲板上看看海景，都是很好的消遣；说到看海景，确富有诗意，万顷波涛一望无际，见了胸襟不禁荡然，真觉得自身在宇宙中是太渺小了。十五号我们到了香港，香港确是一个美丽的都市，市房多倚山建筑，层层叠叠，一到晚间，万家灯火齐放，远远望去，有若点点繁星在半空中闪烁。

香港到海防的邮船，只有法邮广东号一艘，该船比太古怡和二公司的商船还要小，而且是十天往还一次，所以很觉不方便，其优点就是快，普通轮船走四天的路程，广东号只走两天，这次我们因要赶到西南联大上课，所以才趁这只船来（该船四等舱仅售港币十元），船小速度高，航行在大海中，颠簸得很是厉害，素来不晕船的我，这次也终于躺下了二天二夜。加以我们是坐四等统舱，地方既肮脏，起卧又不便，害得几位女同伴叫苦连天。

海防登岸后，先得由关上受检查行李，我们一行七人，行李大小二十余件，待一件件检查完毕，又一件件整理好，已足足化去了四五个钟头。

到海防以住天然旅馆为最妥，因天然旅馆在河内老街开远均有连号，在招呼上比较方便一点，房金是以人计算的，每人每天连伙食约越币一元，该项越币可在香港换掉。约国币一元六角，换越币一元，大约每人换二十几元越币就足够了。海防很富有热带风味，十二月的天气，和上海初夏时差不多。这里的街道，也要比香港整齐一点，房屋建筑多法国式，然其居民则以安南土人与我国侨民居多，听说我国侨民在当地很有一部份势力，在海防时，我们曾看到一张中文报纸上面题着某军怎样怎样，可见我国侨民还不忘替祖国奋斗哩！

隔日趁火车至河内，讲到滇越铁路的火车，因为路轨是采取狭轨的（只有一公尺阔），所以车厢也特别窄小。车共分为四个等级（他们习惯把“等”字写成“项”，如头项，贰项……倒也别致），普通以乘四等者最多。全程分四个大段，（一）自海防至河内，（二）由河内至老街，（三）老街至开远，（四）开远至昆明。（由河内到昆明，有连票，四等每人需越币十元。）火车例在夜间停驶，乘客须自行下车投宿，诸多不便。若在海防能搭乘嘉林换车之班次，即当晚可抵老街，可减少一日行程。此外尚有行驶轨道上之蒸汽车，车身作白色流线型，名曰：“米许林”快车，速度极高（为稍减车之震动起见，车轮且包以橡皮），由河内至昆明只需一昼夜，惟票价奇昂，且限制带大件行李，殊非普通旅客所敢问津。

到河内已晚，在暮色苍茫中我们所看见的河内似乎比海防美丽多了。河内为安南之首都，商业之繁盛为各处冠。这儿的法人比较海防为多，我国胞侨也不少。大部份的商业都操在这两国人的手里，最热闹的街叫广东街，这里有十足的法国风味，酒排间，跳舞厅，影戏院，法国情侣手携手的散步，水手的狂欢……自到安南二天以来，在这里始看到一点异国景色。

第二天趁车至老街，老街与中国边境仅一河之隔，河有桥名南溪桥，过桥便是中国云南省的河口。在我们想像中的老街，以为必定是一个很热闹的商埠，事实上却令人失望得很，仅有几十家铺子，多半还是中国侨民开的。

次日早晨，步行过桥入中国境，桥的北端高高竖起一面青天白日旗，在微风中摇曳着，似在对踏进祖国土地的人们欢笑。

自河口到开远，是滇越铁路工程最大的一段，滇越铁路共有山洞一百五十余，此段共占一百零九，由此可想见此段工程之困难了。

火车一开出河口，即钻入万山丛中，缘山边徐徐爬行，时而过桥梁，时而穿山洞，盘旋往复，愈行愈上。俯视山洞，瀑布倾泻，水流激荡，惊险非凡。仰望山端，云烟迷漫，分不清何处是峰，何处是谷。车行愈高，气候亦渐冷，寒风吹来，又回复冬天的气象了。火车穿山洞，空气最窒息，长的山洞往往得走一二分钟，有许多山洞，又往往是一连串的，走过了一个，又接着一个，使你换口气都来不及。车过波渡菁车站，遇一人字形铁桥，桥架两山壁之间，以一三角形架支持，并无桥柱，下临数百尺绝涧，火车过桥时，若伏窗下望，能使你不寒而栗。

如走在群山中爬行数小时，待过芷村站北才见平原。然而此所以平原者，怕也至少得海拔一千多尺了。开远并不热闹，然比之老街则稍觉清洁一点。自此到昆明，仅需一日行程，火车经过的沿线风景，也不如河口到开远一段的雄伟。最值得一记的，还算是南盘江上的景色，火车过西桥后，延山壁蠕行，俯瞰江形，有如白练一条，点点帆舟，小如蝼蚁，想不到！几小时的火车路程，已将我们带到云南来了。

选自《旅途杂感》，上海奔流书店，一九四一年四月版

// 有意义的民俗记录

——《西南采风录》序一

朱自清

古代有采风的传说。说是每年七八月间，天子派了使者乘着轻车到各处去采集歌谣。各国也都设着太师的官，专管采集歌谣。目的是在“观风俗，知厚薄”，一面也可以供歌唱。这叫作采风，是一种要政。这传说有好几种变形。有人说是在每年四月开始农作的时候，“行人”的官摇着木铃子随地聚众采访歌谣。又有人说，男女六十岁以上没有儿子，便叫他们穿上花衣服，带着乐器，去采访歌谣。这些都说得很认真，可惜都不是实际的制度，都只是理想。原来汉武帝时，确有过采集歌谣的工作，那完全是为了歌唱。一般学者看了这件事，便创造出一个采风的理想，安排在美丽的古代。但后来人很相信这个传说。白居易曾经热烈的希望恢复这个制度，他不知道这个制度原是不曾有过的。

民国六年，北京大学成立了歌谣研究会，开始征集歌谣。他们行文到各省教育厅，请求帮助。一面提倡私人采集，这成了一种运动，目的确不是政治的，音乐的，而是文艺的，学术的。他们要将歌谣作为新诗的参考，要将歌谣作为民俗研究的一种张本。这其间私人采集的成绩很好。二十年来，出了好些歌谣集，是很有意义的“材料的记录”。这些人采集歌谣，大概是请教各人乡里的老人孩子。这中间自然有许多劳苦艰难，但究竟是同乡，方言和习惯都没有多少隔阂的地方，比在外乡总好办得多。这回南开大学的同学山东刘兆吉先生在西南采集歌谣，却是在外乡；这需要更多的毅力。刘先生居然能采到二千多首，他的成绩是值得赞美的。

刘先生是长沙临时大学步行团的一员，他从湖南过贵州到云南，三千里路费了三个月。在开始的时候，他就决定从事采集歌谣的工作。一路上他也请教老人和孩子；有时候他请小学里教师帮忙，让小朋友写他们所知道的歌谣。但他是外乡人，请教人的时候，有些懒得告诉他；有些是告诉他了，他却不见得能够听懂每一个字。这些时候，他得小心的再三的请教。若有小学教师帮助，自然方便得多。但有的教师觉得真正的歌谣究竟“不登大雅”；他们便教小朋友们只写些文绉绉的唱歌儿充数。这是一眼就看得出的，刘先生只得割爱，因为他要的是歌谣。他这样辛辛苦苦的搜索，记录，分辨，又几番的校正，几番的整理，才成了这本小书。他这才真是采风呢。他以个人的力量来做采风的工作，可以说是前无古人。

他将采集的歌谣分为六类。就中七言四句的“情歌”最多，这就是西南各省流行的山歌。四百多首里有三分之一可以说是好诗。这中间不缺少新鲜的语句和特殊的地方色彩，读了都可以增扩我们自己。还有“抗战歌谣”和“民怨”两类，虽然没有什么技巧，却可以见出民众的敌忾和他们对政治的态度；这真可以“观风俗”了。历来各家采集的歌谣，大概都流传已久；新唱出来的时事歌谣，非像刘先生这样亲历民间，是不容易得到的。书中所录，偶有唱本。刘先生所经各地，有些没能采得歌谣，他便酌选唱本，弥补这个缺憾。但是唱本多出于文人之手，不同歌谣的自然，似乎还是分开来好些。刘先生采集的歌谣，也有些猥亵的，因不适于一般读者，都已删去。总之这是一本有意义的民俗的记录；刘先生的力量是不会白费的。

朱自清，二十八年四月，昆明。

选自《西南采风录》，刘兆吉编，商务印书馆一九四六年十二月版

// 劳苦的呼声

——《西南采风录》序二

黄钰生

二十七年一月，长沙临时大学，决计西迁。师生之好游历者三百人，组成“湘黔滇旅行团”从长沙徒步走到昆明。旅途中，团员各就性之所好，学之所专，作种种考察和研究。文学院刘君兆吉，一路上专采集歌谣。

一路上，我是个常川的落伍者。太阳已西，“先锋”早到了“宿营地”，我还在中途。好几次（末一次，记得是在到曲靖的道上）我在中途遇到刘君，和老老少少的人们，在一起谈话——一边谈一边写。这样健步的刘君时常被我赶上。

一群人，围着一个异乡的青年，有时面面相觑，有时哄然大笑，是笑言语不通，手指脚画，面面相觑，是要窥测真意。本来，一个穿黄制服的外乡人，既不是兵，又不一定是学生，跑来问长问短，是稀有的事，是可疑的事——稀有，所以舍不得让他就走；可疑，所以对他又不肯说话。

这是我所见到的情形。刘君用力之勤，工作之难，可以想见。辛苦的结果，在六十八日之中，采集了二千多首歌谣，这不能不说是丰富的收获。将采集所得，汇刊出来，也是一宗有用的文献。语言学者，可以研究方音；社会学者，可以研究文化；文学家可以研究民歌的格局和情调。刘君除了喜爱文学之外，对于教育也有专长，此番采集，想也有教育的用意。教育者根据事实，运用工具，追求理想。由这些民歌，陈现了事实，贡献了工具，也未尝不能暗示理想。古人所称道的“诗教”，本只是士大夫阶级的特权，如何推而广之，就在今日教育者之努力。

这些民歌之中，据刘君说，有百分之九十是情歌。从辞意上看，诚然如此。不过，这种说法，容易引起误会。

有一次，我和几个挑棉纱的人同行。他们的担子，都在百斤以上。我跟他们走了一天，他们整整唱了一天——从镇远一直唱到施秉。他们所唱的，是“郎”呀“妾”呀一类的情歌。又记得，在将近盘江的荒山中，遇到一群从平彝驮铁锅到镇宁的人。山路难行，一步一喘，但是喘嘘之中，还断断续续地唱些“妹”呀“郎”呀一类的情歌。这些人是在调情么？是在讴歌恋爱么？是在宣泄男女之情么？肩上的担子太重了，唱一唱，似乎可以减轻筋骨的痛苦。再听人唱一唱，也觉得绵绵长途上，还有同伴，还有一样辛苦的人。他们所唱的歌，与其说是情歌，毋宁说是劳苦的呼声。

旅行团抵滇周年前四日黄钰生序

选自《西南采风录》，刘兆吉编，商务印书馆一九四六年十二月版

// 是原始，还是野蛮？

——《西南采风录》序三

闻一多

正在去年这时候，学校由长沙迁昆明，我们一部分人组织了一个湘黔滇旅行团，徒步西来，沿途分门别类收集了不少材料。其中歌谣一部分，共计二千多首，是刘君兆吉一个人独力采集的。他这种毅力实在令人惊佩。现在这些歌谣要出版行世了，刘君因我当时曾挂名为这部分工作的指导人，要我在书前说几句话。我惭愧对这部分材料在采集工作上，毫未尽力，但事后却对它发生极大兴趣。一年以来，总想下番工夫把它好好整理一下，但因种种关系，终未实行。这回书将出版，答应刘君作序，本拟将个人对这材料的意见先详尽的写出来，作为整理工作的开端，结果又一再因事耽延，不能实现。这实在不但对不起刘君。然而我读过这些歌谣，曾发生一个极大感想，在当前这时期，却不能不尽先提出请国人注意。

在都市街道上，一群群乡下人从你眼角滑过，你的印象是愚鲁，迟钝，畏缩，你万想不到他们每颗心里都自有一段骄傲，他们男人的憧憬是：

快刀不磨生黄锈，
胸膛不挺背腰驼，（安南）

女子所得意的是：

斯文滔滔讨人厌，
庄稼粗汉爱死人，
郎是庄稼老粗汉，
不是白脸假斯文。（贵阳）

他们何尝不要物质的享乐，但鼠窃狗偷的手段，都是他们所不齿的：

吃菜要吃白菜头，
跟哥要跟大贼头，
睡到半夜钢刀响，
妹穿绫罗哥穿绸。（盘县）

那一个都市人，有这样气魄，讲话或设想？

生要恋来死要恋，
不怕亲夫在眼前，
见官犹如见父母，
坐牢犹如坐花园。（盘县）
火烧东山大松林，
姑爷告上丈人门，
叫你姑娘快长大，

我们没有看家人。（宣威）
马摆高山高又高，
打把火钳插在腰，
那家姑娘不嫁我，
关起四门放火烧。

你说这是原始，是野蛮。对了，如今我们需要的正是它。我们文明得太久了，如今人家逼得我们没有路走，我们该拿出人性中最后最神圣的一张牌来，让我们那在人性的幽暗角落里蛰伏了数千年的兽性跳出来反噬他一口。打仗本不是一种文明姿态，当不起什么“正义感”“自尊心”“为国家争人格”一类的奉承，干脆的是人家要我们的命，我们是豁出去了，是困兽犹斗。如今是千载一时的机会，给我们试验自己血中是否还有着那只狰狞的动物，如果没有，只好自认是个精神上“天阉”的民族，休想在这地面上混下去了。感谢上苍，在前方，姚子青，八百壮士，每个在大地上或天空中粉身碎骨了的男儿，在后方几万万以“睡到半夜钢刀响”为乐的“庄稼老粗汉”，已经保证了我们不是“天阉”！如果我们是一个乐观主义者，我的根据就只这一点。我们能战，我们渴望一战而以得到一战为至上的愉快。至于胜利，那是多么泄气的事，胜利到了手，不是搏斗的愉快也得终止，“快刀”又得“生黄锈”了吗？还好，还好，四千年的文化，没有把我们都变成“白脸斯文人”！

民国廿八年三月五日闻一多序

选自《西南采风录》，刘兆吉编，商务印书馆一九四六年十二月版

// 三千里长征竣事

——联大旅行团抵滇小记

佚　名

联合大学为谋学生实地认识各地社会情状起见，特乘此次迁滇之便，组织一湘黔滇旅行团，由长沙步行来滇，已志本报，顷悉该团已于昨日抵板桥，今午即可到省，三千里长征，圆满达到目的。联大已来师生，准备热烈欢迎，届时必有一番盛况。该团辅导委员会主席黄子坚（教育学院教授）已于日前先行来，向校方报告并接洽一切，昨日复转板桥迎迓。

记者昨晤黄氏于该校，据谈该旅行团之组织及经过情形如下：该团以军事管理为原则，上设团本部，团长由湖南省张主席指派黄团长师岳充任，参谋长由该校主任军事教官毛洪充任，并设辅导委员会，委员五人，即黄氏、地质系教授袁复礼、生物系教师李继侗、文学院教授闻一多及化学系教授曾昭抡。大队长二人，由该校军事教官邹镇华卓超分任，此外由学生十二人长期在团本部服务，其中负责日记者三人，摄影者三人，无线电者三人，档案管理者三人，每大队下分三中队，每中队分三小队，共十八小队，自中队长以下，皆由学生自任，计每大队有一百四十人，两队共约二百八十人，连教授等在内，全团共三百二十余人，学生之除长用在团本部服务者外，每周又由每大队轮流派遣九人，襄同管理全团伙食，九人负责本队杂务。

该团以养成军队式宿营之习惯及着重学术研究为目的，每晚均由团长或参谋规定次日行进之路程及宿营地点，复由辅导委员会指示沿途堪在意之事物，晨六时起身，六时半用早膳，七时出发每日至少行进三十公里，以赶站关系，在黔省境内，有日行五十公里者。

该团于三月二十日自长沙出发，每二人合携被褥仅三件，连同伙食器具、无线电收音机等必需品，装成二卡车，随队同行，其余尚有行李二车，交由公路转运，由长沙至益阳，全队均乘船，沿公路西行，益阳至沅陵乘车，在沅陵为天雪所阻，曾勾留一周，自此以后，全程步行，于三月三十日抵筑，四月四日又复登程，沿途除购粮住宿，间感困难外，均备受地方当局照拂，堪称便利，今能平安抵省，殊可庆幸，黄氏继谓，此次步行来滇，用费至国币二万元之多，较之乘车船反不经济，但沿途之收获，则决非车船旅行所能得。如生物地质系诸同学采集标本颇多，文学教育等院同学于民谣民俗方面亦有收获，而最难得者，此多数青年，能亲感我国之地大物博，而待解决之问题极多，有以猛省云。

选自《云南日报》一九三八年四月二十八日

// 联大旅行团长征抵省印象记

——英勇精神赛军队　热情流露动人心

本报特写

热情克服了旅行的痛苦，毅力战胜了跋涉的疲惫，西南联合大学的旅行团，终于昨天上午十一时余钟到达昆明，光荣地完成了三千里长征的任务！

三千里的奔波，阳光和风尘，使每一个尊严的教授和高贵的学生都化了装了：他们脸孔是一样的焦黑，服装是一样的变色，头发和胡须都长长了，而且还黏附着一些尘芥，每一个学生的身上，都斜挂着一柄油纸伞，及水壶、干粮袋之类的家伙，粗布袜的外面套着草鞋，有些甚至是赤足套上草鞋的。

他们四个一列的前进着，前进着，英勇的色彩，坚决的气魄，胜利的笑影，荡漾在他们每一个人的面容上，态度是从容的，步伐是整齐的。充满在他们行伍之间的是战士的情调，是征人的作风！在陌生的人的心目中，很会怀疑他们是远道从戎的兵士，或者新由台儿庄战胜归来的弟兄。

他们到了拓东路联大校门了，等候在那里欢迎他们的他们男女同学和校委教授们，热烈地欢呼，热烈地拍掌，热烈地握手，十分欢欣地献给他们一篮鲜艳的香花，并且撑起上书“国立西南联合大学慰劳湘黔滇旅行团”的布标，走在他们的前首，十分愉快地进城。

由拓东路而金碧路，而正义路，而华山南路和西路，而青云街，而圆通街，一直爬上圆通山顶，他们吸引了无数观众，他们的英勇，他们的毅力，博得了满城观众的赞叹和夸奖，不由地使人联想起“一二·九”以来的北方学生英勇斗争的悲壮场面！

在圆通山的四方亭面前，校委梅贻琦博士恳切地用言语慰劳他们，鼓励他们，嗓子虽则低低的，但态度却是那么的热挚，一字一句，都使听众感动、开怀。

随着梅氏演讲的是教育厅特派前往慰劳的徐茂先先生。

徐先生除表示欢迎他们来滇外，还庆祝他们长征之成功，言词娓娓，八分标准国语里，夹带着二分道地的弥渡乡音。雨虽然落下来了，但全团学生却依然尖耳倾听。

徐先生讲完之后，领导学生长征的黄团长也高声大气的讲了一番话，表扬学生的毅力，推却自己的首功，并把“西游记”来比拟他们此次的长征，譬喻恰当，出语诙谐，一阵欢笑声，禁不住由学生行列中腾响起来。

话讲完了，雨也歇了，太阳也依旧冲破了乌云的包围而照着大地。这时，一位老教授高兴极了，手之舞之地领导群众大呼“中华民国万岁万岁万万岁”！等到全体师生共摄一影后，队列才宣布解散了。

在接引殿中，在茶铺里，拥满风尘仆仆的教授和学生。亲戚跟故旧，爱人和同窗，“久违久违”“你好你好”，一片异地的欢笑声，交响在风和日暖的雾围里。

在群众的欢笑声中，陌生的记者乘便去会见化学系教授曾昭抡先生。

他说起他们曾游过“桃源洞”，也曾经在贵州和苗民开会联欢，又说到沿途的所见所闻。结论是：所经各省的治安宁靖是出乎他们意料之外。接着记者承梅校委的介绍，和领导全团长征的黄师岳先生会面，黄先生曾经任过某师师长，但由他的态度看起来，除开精神特别饱满外，丝毫没有普通一般大军官的习气，所穿的衣裤草靴全和学生一样。一见记者，便满面春风，首先来一个和蔼可亲的握手礼。接着应记者的要求，发表入滇境的观感。

他说：“一路上风餐露宿，辛苦固是难免的，但在这种辛苦中所得的快乐，真是一般养尊处优者所梦想不到。因为这次深入民间，各地不同的生活情况，尤其是苗民的特殊生活，我们都见到了。一路上有诸般优美的风景，关于这一类情形，我打算过天详细地写出来。我们一入滇黔交界的胜景关，令人最高兴的是气候优良，地形清秀，风景幽美，土地肥沃，就中尤以罂粟烟花业已完全绝迹。这真是最令人高兴的事。后来到达昆明市，又见市街净洁，市面繁荣，和国内各通都大邑不相上下。由此已足证明滇政进步之一斑。…………”黄团长谈到这里，饥肠辘辘，极待饱餐，记者遂握别而返。

装满着一脑子良好印象的记者，转回报社的途中，心里浮涌着这么的一个愿望——

“英勇的‘一二·九’运动的发动者，英勇的三千里长征者！希望你们发扬这种英勇的传统精神，准备打回老家去！”

选自《云南日报》一九三八年四月二十九日

// 欢迎临大湘黔滇旅行团

李□意

数月前，长沙临时大学决定迁滇，组织了一个湘黔滇旅行团，步行来昆明。他们经过了千辛万苦，跋涉了多少高山崇岭，终于本月二十八日到达此间了，综计他们此次行程约三千余里，费时约六十余日，在中国历史上，以学生有组织，有计划的作这样的长途跋涉，此次还是创举。而他们到此后，不惟丝毫不呈疲倦状态，而经过此次磨炼，精神又比从前活泼百倍，令人看了，真是不胜钦佩和欣慰，而在钦佩欣慰之余，我们禁不住要说鼓励和希望的话。

自从卢沟桥的烽火点着以后，平津成了剧烈的战场。南开大学首先被敌人全部焚毁，北大清华等校亦先后被敌人盘据。大部分不甘作奴隶的同学，都冒着危险逃亡出来。中途被敌人盘查捕去的很多，捕去而被敌人毒打枪杀的也复不少。幸而逃脱出来的人，或寄居于沪上，或流落于京都，或暂住于武汉，或分散于各地。向日在学校安心读书之学子，今日几成无家可归之孤儿。其颠连困苦之状，虽罄纸不能述其万一。虽赖政府设法安抚，流亡学生，食住勉强解决，以后又成立了西安、长沙两个临时大学。师大、平大等校的想也是都到西安就读，北京、清华、南开等校的学生都到长沙念书。长沙既然屡次遭敌机狂炸，学生不能安心读书，遂有全部迁滇之议。在这迁滇的过程中，又有很多学生离开学校到前方工作，真正到此地的人，不过占临大刚成立时的人数一半稍过而已。这次参加步行的，才不过二三百人。这个数目和当年三大学在平津时学生总数比较，令人起若何感想？单按此次旅行团之来滇，一切费用皆由政府供给，合计起来，消耗当在二万金以上，政府对于旅行团之待遇，不可谓不厚！旅行团沿途所经各地，备受各界人士欢迎。此次旅行团诸君之劳苦，实不下于数月前由滇步行抵长沙的六十军，可是一往前线，一来后方。往前线者为的是杀敌，来后方者岂为的是苟全性命？应知国家文化的重任，全在诸君肩上。今后惟有加倍努力，发奋自励，始可以第一步对得起大家对诸君的关怀，期望；进一步对得起政府的厚遇；更进一步直接有补于日前神圣的抗战。相信诸君不会负大家的期望，一定会益坚所志埋头苦干下去的。惟望诸君在苦干中，时时在想着过去从平津逃出来的万里流亡，和这一次从湘到滇的三千里跋涉！

诸君以前，或住在堂皇富丽的清华园，或住在风景幽美的八里台，或住在马神庙沙滩一带的安适的斋舍中，何曾想象到今日会作这样艰难的跋涉？何曾想象到今日会生活在和你们从所处的地方相差几十倍或几百倍的环境中。在此次旅行中，冒着雨，冒着风，在泥泞的道上走，有时在晚上找不到合适的旅店，忍着凉，宿在荒村中。这一种滋味，你们从前是没有尝过的。这次的旅行，本身就是一个很大的教育。诸君不要厌恶沿途各省之荒凉，贫穷，和不便，应当从此下决心改善这一种荒凉，贫穷，和不便。不应当空回想平津京沪的繁华，富裕……如果诸君真能作到了这一步，才不负诸君过去从平津逃出来的万里流亡，和这一次从湘到滇的三千里跋涉！

在目前的抗战中，有不少的人确实已改变了过去的萎靡生活，大刀阔斧地参加了这次神圣的抗战，而不可否认的还有小部分人依然过着萎靡不振的生活，阵线延长着后，有不少有钱的人携着资财，盲目地找安全地带逃着。近来昆明人口之陡然增加，即其明证。他们到此地后，不惟不知觉悟，改变从前的生活，反变本加厉，想在各方面都不如京沪平津的昆明市中享受和京沪平津一样优越的生活。更有不少的青年男女，奇装异服，粉面朱唇，日无事事，在街上闲逛，在酒店内吃酒，甚至还有人抱怨此地为什么没有跳舞厅！但是诸君此次步行来滇，穿着一身黄制服，负着一件旧行囊，虽风尘仆仆，而精神百倍，看见诸君令人真有说不出的高兴。希望诸君本此刻苦，朴素精神，继续为学，使那些过着颓靡生活的逃难者，也想一想他们过去从平津出来也作过万里的流亡，同时从前和他们生活相差不多的诸君这一次从湘到滇曾作三千里的跋涉！

选自《云南日报》一九三八年五月一日，由于原件模糊不清，作者姓名的第二个字无法辨识

// 记联大学生步行团抵滇

云南民国日报记者

风传花信，雨濯春尘，万里长征徒步来滇之西南联合大学学生湘黔滇旅行团，已于昨（廿八）日抵步昆明，该团共三百四十七人，由团长黄师岳先生暨辅导委员会主席委员黄子坚，委员李继侗，闻一多，袁复礼，曾昭抡诸先生率领于二月二十日自长沙出发，经湘、黔、滇等省，全程长三千三百四十华里，历六十八日而达昆明。该校全体师生，特假圆通公园，开会慰劳。

该团全体团员，于昨日清晨由大板桥动身，至正午十二时许抵省。当列队经各大街迳赴圆通公园，赴该校慰劳会，在龙故旅长纪念亭前集合，由该校校委梅贻琦先生，及本省龚教厅长代表徐绳祖先生相继训示。词毕，旋到新生社进茶点并摄影。

至三时许，列队到昆华农业学校住宿。闻该团文法学院学生，于三数日后，即将赴蒙自，因文法学院已准备就绪，不日即可上课矣。兹将昨日详情志后：

大学生素描

能在大学念书的朋友，以吾人平素所习见的来说，大多数是风致翩然，西装楚楚。但是昨天到的大学生，请诸位放心，并不是这样。他们是身着黄布军服，头带军帽，足登草鞋，十足的武装同志。左肩跨一只洋铁水壶，背上一把油纸雨伞。满脸风尘，一腔热血。大踏步，把故都的文化，轻悄地，带到我们山国来。

其中有一位，架着一副不十分深的近视眼镜，个子中常，柴檀色的脸儿，最令人羡慕的是一口美髯，沿腮青葱可爱，上唇短髭，则恰是鲁迅先生所说的："神似一个隶书的一字"，穿着上述的各种装备，精神振奋，态度诚恳。记者很忙，不曾和他问讯寒暄，特将他的相貌介绍给大家。

大家谨记着：他们不是洋场才子，不是乡学究，而是扛着抗敌建国的重任，经过许多困苦艰难，脚踏实地的走了几千里路的真真实实的大学生。

一堆慰劳花

圆通公园的大门前，横挂着布标，写着"慰劳联大湘黔滇旅行团”字样。拾级登山，新生社矗立跟前，那便是该团休息进食的所在。穿屋而西，至龙旅长纪念亭，该团全体团员，便在那儿集合。该校在滇的教职员及男女同学，三三，两两，或立亭前，或立怪石峣岩间，笑靥中都充满着欢欣的情绪。亭侧置鲜花一大堆，含苞吐蕊，娇艳夺目，欣欣向荣之态，象征着这一群热血青年的前途。

梅校长训示

校委梅贻琦先生，步上石阶，作简短的训话。他说：

“诸位从长沙起程六十八天，今天到达目的地了，沿途辛苦。风雨不曾欺凌了你们，土匪也不敢侵犯你们，完全是你们的精诚感召所致。记得你们都是翩翩年少，今日相逢却怎么都‘于思于思’，长出了胡须？风尘的痕迹，已刻画上了你们的面庞。但是，这几十天的晓风残月，正增加你们不少的学识和经验，你们所走的程途，全都是中国的大好山河，所遇的人们，全都是我们的同胞。所谓‘险阻艰难，备尝之矣，民之情伪尽知之矣’。这对你们将来的责任和事业，是有如何伟大的帮助啊！正使我们不曾参加的人，欣羡不置呢！虽然像貌变了，而体格却较前强壮得多，内容较前充实得多。”

语至此，全体团员精神振奋，相顾欢然。梅氏接着道：

“诸位此时的神情不是还要向前走吗？是的！你们是要向前进的！文法学院的同学，三数日后就得往蒙自去，那面都预备齐全，即可开学上课了。你们此次长途跋涉，没有发生意外，与其说是‘洪福’，勿宁说是‘黄福’，因为团长是‘黄’师岳团长，辅导委员会主席是‘黄’子坚先生，他们辛劳地率领你们安全的到达此地，真是不容易呢！这应该向此次全团的教职员深深致谢！末，希望你们本着‘忍苦，耐劳，服从，合作’几字，好好地继续做下去，勇往迈进！”

梅氏训话时，曾潇潇地落了一阵雨，但是——不科学的说一句，因为群情振奋竟把沉郁的阴霾打开了，这丝丝春风雨，恰好替他们洗尘。

接着教厅代表徐绳祖先生，致欢迎词，语语热烈恳切。马约翰先生，领着群众高呼“中华民国万岁”。最后黄师岳先生复作谦逊之词，谓众团员好比唐僧上西天取经，而他则是孙悟空美猴王。语毕，笑声大震。

黄团长英姿

黄团长师岳，安徽人，年四十许，英姿飒爽，态度诚恳可亲，过去在东北军做事，现任师长。奉湘省张主席命，率该团作此长途旅行，和团员一般打扮，腰间还系着一双草鞋。记者钦敬之余，特与氏在新生茶社接杯茗之欢。

据黄氏语记者，沿途虽不免辛苦，而因为有组织，能合作，故幸未发生若何意外。旅行时刻，概依湖南时间，四更早饭，五更起行。照几何学定理，走两点间之直线；遵卫生学规定，注意团员之精力。

入滇境后，田地全种粮食，不见一株罂粟，实为最好现象。惟穷乡僻壤，尚有缠足妇女，又人民起身太晏，大好清晨新鲜空气，竟无人呼吸，殊觉可惜耳。并云，联大拟在下一日举行游艺会，届时当将沿途经过详细报告。本人不日将返湘，因任务既已完成，自当安全返防也。

欢喜大团圆

记者与黄先生在茶社品茗，下窥危岩，静听松风，远眺昆池银光一线，华山翠海历历如画，正极耳目之乐，而银笛长鸣，又届集合之时矣。

黄先生整衣出社，全体团员列队下山，赴农校休息。联大先后来滇同学，至此乃欢喜大团圆。

记者灯下执笔时，想旅行团诸君定已早入黑甜乡。寄语诸君，昨宵春梦安否？

（二十八日深夜）

选自云南《民国日报》一九三八年四月二十九日

// “临大”学生在广州

修

曾经领导过华北的救亡运动的北大，清华，南开各大学的同学们，在平津失陷之后，除了那些英勇的参加游击队，或回乡组织民众，及受经济限制，不得不离开学校的之外，都经学校当局请准了政府迁到长沙，合并成立了“临时大学”。全体总数，约一千三四百人，女生占十分之一。其中工学院学生在湖南大学的工学院上课，文学院的在衡山美术学校上课。他们的省籍，有不少已经变成了沦陷地。因此，到了长沙之后，仍常有人上前线从军参战去。这种现象，一直继续到考试举行了之后。

该校是去年十一月一日开学的，到了今年一月末尾，学校当局，为了“百年大计”，又更求安全地带，请准政府，再迁到云南去。可是一布告搬家，学生反对四起。其中有钱的怕走到云南，吃不得苦。没有钱的又嫌耗费太大。于是，提出了不少不迁的大道理。但是，经了学校一番活动，并且宣布了：徒步走向云南的，供给全部路费。有钱的走海道，每人另贴二十元国币。于是，除了有二百多人到湖南大学借读；一小部分另找出路，都又赞成开拔了。

据说，二月二十三日分三四批动身。徒步的有二百七十多人，称为“湘黔滇旅行团”。誉之者，说他们此举在历史上最大最壮？讽之者说他们是集体逃难。

在他们临走之际，某师长称他们都是“国家之宝”而他们也高呼：“临时大学万岁”。“百年大计”是不能不注意“国家之宝”的，可是，“临时大学”让它“万岁”下去，怕是十足的失败主义吧。

走海路的同学五六百人——女同学有一百多，二月二十七已来到了广州，住进岭南大学，已经三星期了。刚到之初，人们对他们都颇致殷殷之望。然而，到了广州以来，他们似乎已忘记了是怎样从平津出来的，忘记了国难的日趋严重，也忘记了他们是在救亡的途中行进。

他们，这二十多天的生活，除了饮食之外，没有集体的行动，也没有利于救亡的表示，甚至，把在长沙还常挂在嘴上的一些救亡歌曲如《松花江》之类的，都抛掉了，新兴的，哼着英文情歌。因此这里的舆论界，都诚恳地在批评他们。企望“临大”的同学们：发扬“一二九”精神，要为救亡而求学！要求学不忘救国！要在足迹所过的地方，都撩起了救亡的火花！

（修寄自广州）

选自《孤岛周刊》一九三八年第一卷第五期

// 联大在云南

吕实名

黄帽黄粗布的军装，黄绑腿，具有燕赵气质的黝黑的脸，半载前在湖南曾遇到不少这种类型的青年，那是临时大学的学生。北平的清华、北大、天津的南开，这三校合成了过去的临时大学，时间在我额前飘过只几个月，那似曾相识的黄色的年青人，又在自己的眼前浮动了。这回的地点，可不是在纷纷扰扰的长沙，而是在闲情逸致的昆明。

我也曾看见行政院决议临大迁滇的消息，我也曾看见临大全体学生反对临大迁滇的电讯，最后我终于看见临大搬到风和日暖的云南来了。

临大迁滇是二月中的事，他们分二种方法迁移，一是让火车或是轮船运载到昆明，一种是用自己的腿跑到云南。大部分临大学生都拣选了用腿的方法。于是一个勇敢坚毅的“湘黔滇旅行团”便成立了。他们在二月二十日离别长沙，每人仅带了条被盖和一些简单的杂物，团内的组织与管理都是军事化，每天必须走三十公里，有时因为赶站的关系也有日行五十公里的，在这漫漫的长途旅行中，这群黄色的青年开始在认识伟大的祖国，现实的祖国。全团旅行的费用共耗国币二万元，这比较坐车乘舟反不经济，可是沿途所得的收获，却决不是车舟旅行所能得到的，正如该团领队所说的；

“生物地质系采集了很多的标本，文学，教育等院对民谣方面也有丰富的收获。最觉可贵的，就是这大批青年，能目睹中国的地大物博，亟待解决的问题真如山积，而让他们切实地猛省……”

四月二十八日上午十一时，旅行团的行列到达了目的地的昆明，这里且引当地某日报的特写：

“……三千里的奔走，阳光和风尘，使每一个尊严的教授和高贵的学生都化了装了，他们的脸是一样地焦黑，服装是一样的变色，头发和胡髭部长长了，而且还黏着些尘芥，每一个学生的身上都斜挂若一柄油纸伞及水壶，干粮袋之类的家伙，粗布袜的外面套着草鞋，有些甚至是赤足。他们四个一列的前进着，前进着，英勇的色彩，坚决的气魄，胜利的笑影荡漾在他们每一个人的面容上。态度是从容的，步伐是整齐的，充满在他们行伍之间的是战士的情调，是征人的作风，在陌生人的心目中，很会怀疑他们是远道从戎的兵士，或然是由台儿庄凯旋归来的弟兄。

“由拓东路而金碧路、而正义路、而华山南路、而西路、而青云街、而圆通街、一直爬到圆通山顶。他们吸引了无数观众，他们的英勇，毅力，博得了满城观众的赞叹和夸奖；不由人联想起‘一二·九’以来北方学生英勇斗争的悲壮场面……”

长沙临时大学现在已更名为国立西南联合大学，文法学院暂设蒙自（昆明南百余里的一个县城），理工学院设于昆明，省政府拨借农、工、师三校校舍的一部分为理学院院舍，工学院设于拓东路的全蜀会馆及迤西会馆，伟大的建筑物是没有了，仪器图书是减少了，校室要再没有水汀，宿舍里也没有网丘床；曾经住在富丽堂皇的清华园，秀色可餐的八里台，马神庙，沙滩一带安适的斋舍中的年轻学子们，你们北望燕云，怕连一场梦都没有想到如今有一日来这古老的云南吧?！别懊丧！这里没有物质给你们享受，这里可是一块足供你们埋首苦干的好地方！

于滇池

选自《众生半月刊》一九三八年第一卷第三号

一年来之西南联大

金　五

一、从长沙临大说起

西南联大的前身是长沙临大，长沙临大之所以名为长沙临大，大概是因其设在长沙的缘故吧？可是事情总不那么呆呆板板的，长沙临大的法、理、工三学院，虽然设在长沙，可是他们的文学院，却设在离长沙三百里远的南岳。十月的初头，临大居然开学了，在开学后的一个多月内，临大的学生在表面上似乎都打起精神，在那里挟着书本“上课”“下课”，可是等到上海南京等地相继失陷，长沙被敌机光顾了几次以后，情形就大变了：在那时候，学校里充满了紧张而混乱的空气，千千万万的谣言无时无刻不在每个同学间互相传说着。同学们有的到前线去参加神圣的抗战工作去了，有的则回到河南山东等地去保卫他们的大故乡去了，剩下的没有走的，差不多只有开学时的半数，而这仅仅半数的同学们，离开他们的学校，去走上那民族解放战争的大道，亦不过时间迟早的问题而已。在这种紧张的局势下，学校当局眼看临大是再难继续维持下去，于是他们倡议要搬家了。

二、临大迁移途中

“临大预备搬昆明了”！搬的方法分两批走：一批是沿京滇公路，经过土匪最盛的湘西，瘴气最厉的黔滇，步行三千余里，而至昆明，参加他们这一批的有三百多位同学及十多个有名的教授，组织成了一个湘黔滇旅行团。旅行团的团长是湖南省府参议陆军中将黄师岳先生担任的，黄先生在二月的下旬率领了这三百多的健儿，踏上了那万分艰巨的征途。他们在路上历尽了艰难，备尝了苦楚。在湘西的时候，他们饱受了绿林朋友的虚惊。迄至到了贵州，贵州的气候，不知怎的那么坏，天天总是不停的下着雨儿，他们的征装，每天都是湿淋淋的，他们的铺盖，无一天不被雨水浸湿着，有时候因运输困难的原故，连那湿透了的被盖也没有了。他们只好伫立街头，饱餐寒风，在这种艰苦困难的环境下，他们没有怨容，相反地，他们却更加兴奋了！他们组织有宣传队，公路两旁的电杆上，贴满他们所写的抗战标语；每到一个大一点的城市或村镇的时候，他们总是忘记了自己的疲劳，很热心地去努力宣传；当台儿庄我军大捷的时候，他们正在贵州的安南县，他们忘了前一晚因行李未到而未睡眠的疲困，发动了当地老百姓的游行庆祝大会，造成了安南县的空前紧张纪录。除此而外，他们对于他们的学业，并不因旅途的奔驰劳顿而忘怀：在休息闲空的时候，他们总是邀请了与他们同行的教授，同他们作学术上的演讲。每到一个县城的时候，县府里总是堆满了调查县政的表格，与考察民情风俗的他们。在路上旅行的时候，你总可以看到手里拿着钉子，肩上背着袋囊，一路考察、一路徒步的许多地质系的同学们。总之，他们每天除了走百余华里的路程而外，他们还很努力从事于救亡的工作与学术的研究，时间在他们是极宝贵的。“多伟大啊，步行团的健儿们”！我不禁这样高呼着，当他们在四月的下旬，平安的到达了昆明的时候。

除上述旅行团的三百余同学，沿京滇公路，步行至滇外，其余大多数的同学，则经广州、香港、安南等地而至昆明。他们由这次的旅行，领略了旅外的侨胞们对祖国抗战的热情，了解了中华民族文化的伟大，因此之故，他们都十二万分的相信，在这次长期抗战中，最后胜利，毫无疑义的，是会属于我们大中华民族的。他们这次旅行的收获，是不亚于步行团诸健儿的呢，我敢这样的相信着。

三、西南联大在昆明

长沙临大搬到昆明以后，就改名西南联合大学了，本来一个名称的改换是无关紧要，而用不着大书特书的，可是由这个名称的改换，我却得到了无限的慰藉与喜悦，因为就这么一点，我们就可以充分的看出政府长期抗战的决心了！

昆明城很小，联大的校址，很难找到一个相当的地方，后以地方政府的援助，理学院及一年级同学则借用昆华农校的一部分，及昆华师范的一小部分，工学院则借用迤西会馆，文法学院在昆明，适难再找到一个相当的地方了，只好搬到蒙自去。

校舍既这样马马虎虎的解决以后，联大接着就开学了。开学以后，同学们都还很用功，图书馆里不问那一个时候，都挤满了人，的确，联大的同学在这个时候，也应该认真的读读书了，不然的话，他们不远千里来到昆明，所干何事呢？

四、昆明被炸与西南联大

九月二十八的那一天，敌机首次空袭昆明了，那次敌机投弹的地方，恰好是联大借用的昆华师范，原先住在那里的联大同学，虽然都参加集训去了，可是几位来自战区的联大的复学同学，却住在那里。可怜！他们来到昆明不到十天，却作了敌机的牺牲品了！

昆明被炸后，本地各学校都迁到外县去疏散去了，剩下来的，只有联大，联大是无意再他迁了。

选自《青年月刊》一九三九年第七期

// 滇行散记

胡　嘉

海上杂景

从汉口去云南，有两种走法：一是陆路有三道：第一是入川转滇；第二是经由湘黔，直上昆明；第三是去广西，由百色入滇省。二是海路，不过要假道法属安南，手续麻烦：除了要护照以外，临上船还要经过医生签字的种痘证明书；一到海防，随身行李，又得进海关查验，往往上税。可也有种好处，走海路比走陆路非但省钱，而且省时间，所以取径于此者，并不算少。

从香港去海防，有两种船：一是太古公司的，票价较低，吨位较大，可是要沿途停靠，往往走四五天。二是法国邮船，票价稍高，吨位亦小，中途不耽搁，两天两晚便到。笔者这次坐的是法国邮船广东号，三月卅日下午七时离香港。

这次船上很热闹，同行的有国立长沙临时大学的师生一百多人，笔者跟他们混在一起，说说笑笑，解除寂寞不少。

一上海船，静观客人同脚夫争先恐后的占地方放行李，接着是茶房鬼头鬼脑的儿卖铺位和帆布床。等到货一装好，舱板盖上，客人和水手便又蜂涌而集，客人用铺盖或箱笼占卧位；水手则用破席子占地盘，说占地盘，为的他们之占舱板，并非真的自己也来睡觉，占定了仍得出卖，借此赚一笔小外快。在这种情形下，又免不了外国人出来站在舱板上演一出如擂台式的武剧，丢行客李，掀席子；同时头等舱上。一般洋人来观光，照几张照片，带回去送给亲友们传说这是东方人的画像。

等到船一开行，舱板上下，便可稍见平静，但是水手们活动的范围却又扩大，看客人需求之缓急或帆布床供应之多寡而发展其营业并上落其售价。铺位卖完，炒饭或粥品正好应市，只要你稍能平心静气的比较一下客人同水手们的神气，便可会悟到船上原是水手们的世界。中国人说得好："靠山吃山，靠水吃水"，当然无庸推演这话之引用到水手们身上后的意义。

临时大学在湖南办理得局面已定；国立清华大学且在岳麓山傍，新盖了不少辉煌的校舍，假如此后师生们真能体念时艰，为国效力的话，在这环境中未尝不可以好好的用一番苦功，准备担负起将来建国的重任。不知是否为了敌机曾经轰炸过长沙，还是为了读书应择山明水秀如昆明湖畔。毅然不顾地方当局和社会甚至学生的重重反对，结果仍旧搬去云南。笔者在船上每与临大学生谈到这事情，莫不引起无穷的感喟。

香港海防间舟行只须通过南海。入东京复后，不久便到海防。我们这次法国邮船并未在广州湾靠岸；过琼州海峡时，也在不知不觉之中。路上除了碰到一只日舰，由船长互相通了一会旗语外，并无什么别的事件发生。一路风平浪静，天气静和，每日三餐吃鸡粥和饼干，比较上次在渤海道中呕吐终日，只能吃些烟台苹果的情景，好得多了。

若说海景，我不是诗人，当然不能多所领略。不过在海的环境中，因为容易把自己看得渺小；而且万顷汪波，一望无际，久与接近，胸襟有如荡涤，无形中把人的思想，会从局促的范围扩展到宇宙的伟大方面去。齐人近海，多出荒诞之士如邹衍，有大九洲之说，未尝不从此来。

海防见闻

四月一日下午三时到海防；船一靠岸，舱面上杂乱的情形同上船时一样。感谢中国领事馆，华侨商会等团体都早派人来码头迎接，给与我们的方便真不少；最麻烦的要算行李，也仅草草的点验便放过了。不过海防海关检查行李之严苛，却不能因有我们的前例而减少后来者的戒心。记得首途来滇时朋友们再三叮嘱在海防登岸时连刮脸刀都得放得小心，固然不无过虑；但如行李中带着新货珍品，千万不可大意；至于书籍，也以事先邮寄为妙。

海防街市之静寂优美，非香港可比。但如要我找出一些异国风光，则甚困难。因其建筑虽属法国式，而街上行人则多为东方的黄色民族。国人到了安南便夸说已经到过法国，似太过甚其辞。安南民族虽在法人的统治下有年，然其精神与文化，都是中国式的。河内有孔庙，有神庙，只要看他们三四十年前的建筑物，哪一样不同中国一致。即其生活方式，也都与中国人接近。年老的安南人可用华文对谈。去秋我国抗战以后，甚至有安南人甘愿节省他最低微的工资，想尽办法，捐输中国；他们以为：中国之抗战胜利，也与他们有关。

可是从另一方面看来，安南人之萎靡不振，生活松懈欠紧张，实足使我们为之寒心。看他们身穿短大褂口嚼槟榔，足拖木履，懒洋洋的神态，虽明知其所处境遇之悲苦，但终不易启发旁观者为其爱怜之心。

笔者从侨胞方面得知，海防法警仅十五名，安南警察又不济事，因此在治安方面，颇成问题。是故小偷之多，旅客畏之。有人向吴雨僧氏问对于海防印象如何？吴连忙捧着头说："糟糕！糟糕！连我的帽子都给人抢去了。"临时大学男同学戴眼镜盒照相机的，不少经过一度与安南小偷的争夺战；女同学虽然手持电筒，成群结队上街，而结果仍为所欺。

笔者于前面说过在海防很少见到异国风光，另一理由，也实在因为侨胞数目很多的原故。侨胞在海防有华人街，完全广东、福建风味，那里非但有侨胞所开的商店，所办的学校；

而且有商会，图书馆，运动场，甚至天后宫，财神殿，送子观音殿等庙宇。侨胞在海防，对国家则热心于捐输，对事业复努力于发展，绝不灰心，毫无气馁；笔者因游孖地花园之便，参观华侨在海防所办唯一之李保生农场。李氏说：最近他们农场不幸遭逢鸡瘟，全场的鸡死光了。这在他们农场当然是一个不小的损失。但他接着说，新买的鸡大约不久便可来到。凭他们十年来的奋斗，出品中牛乳已经法国政府检验列为上品；全场应用工具也多半可以自制，无须外求。

节选自《大风旬刊》一九三八年第九期

// 海防见闻

文 栋

这次长沙临大迁滇，事前虽发生许多风波，结果仍成事实。现在由海道入滇的文法科同学已经到达蒙自了，笔者即是其中之一。此次随校入滇，时间共费一个半月，地方经过广州，香港，安南，河内等处，虽然不多，但其中两处已是英法的殖民地了！身处半殖民地的国内同胞，对于香港，或许比较熟悉，至于安南的情形，则恐大都漠然了！因此，笔者不揣简陋，愿将此次在安南海防的见闻，向诸位作一报告：

许多同胞对于安南和中国的过去关系，很少能清楚知道的。安南在周秦时即是我国之一部，考周之越裳地，秦之象郡，西汉时交趾，九真，日南三郡，即为今日之安南。唐并南诏，置安南都护，遂名之曰安南。自海禁开后，法人和西班牙人都到安南传教，妄施淫威，酿起了越人的排外风潮，咸丰年间，遂有法西联军之役。同治十年，法国又借词作第二次侵略，当时清廷昧于外交，无力援助，遂与法国缔结条约，承认安南为独立国。可见帝国主义者的侵略手段，大家如出一辙的！光绪十年，中法在谅山作战，中国迭奏胜利，而清廷不知，法国即利用炮舰进攻福州，台湾，威胁清廷，清廷颟顸暗昧，即派李鸿章与法国讲和，订约十条，承认安南为法保护国，从此安南为法所有，迄今已五十余年矣！

海防是从香港到安南的第一重门户，滇越铁路即由此开始。我们一行九十余人，到了海防时，住在华人医院（又名普济医院），华侨商会还供给我们饭食，可见侨胞属望于我辈至殷且切！我们到海防是在四月一日下午二时许，香港的时间比海防快一小时，故已三时许了。事前海防临大招待处已请我国领事馆向法国海关接洽，免验同学行李，所以特蒙优待，除抽出三件稍加检查外，余均免验放过。可是，同学的书籍，早已在长沙寄出，在香港买的几件应用物品，可穿的已穿在身上，可带的已带在手中，以防藉端抽税或充公。听说，法国海关对于我侨胞进境，检查非常严厉，翻箱倒箧，无微不至。他们不管行李如何多，照样细心检查，今天不完，明天再验。旅客着急，与他无干。因为在他们看来，个个中国人都是可疑而下贱的东西。如果查到稍新的物品，就要抽税或充公；查到书籍就要拿去叫警察局翻译，如无妨害治安的文字，再能归还。其对我华侨进口之严厉，有如是者。

至于法国人对待我侨居该地的同胞，更为苛刻。当我到海防的第一天晚上，就在中国酒家认识一位侨胞吴福昌先生，他在海防已有二十余年。买卖牛，磁器，红木家具等，营业范围颇不小。我们好像一见如故，原来他知道我们是刚从祖国来的，所以特别亲昵。他说："侨胞在此地，都能相亲相爱，尤其遇到刚从祖国来的更高兴，因为从他口里可以听到祖国的近况，侨居在外的同胞，苟能听到祖国的一鳞半爪，真和回到祖国一样的快活！"

我听了他这一番话，心中异常感动，热泪几乎夺眶而出。在外的侨胞因为时时受到外人的侮辱和压迫，爱护祖国的心，也就特别深切。这次抗战，华侨时有大批捐款汇到祖国，奋勉同胞努力抗战，取得最后胜利，他们在外国，也可有扬眉吐气的一天！同胞们，没有到过殖民地的人，不知殖民地的苦，你听我下面吴福昌先生的一段谈话吧：

"法国对待华侨是很苛刻的，他们享尽一切权利，我侨胞负尽一切苛捐杂税的义务。税的名目甚多，如人头税，产业税，地税，窗户税，生意牌照税等等。其他凡足以生产的东西，都要纳税。人头税看各人的生产能力而定其多少，数元至百余元不等；地税则看所占的地方而定其多少，大约每公尺纳越币二角五分，窗户税看每家所开窗户的数目而定其多少。法国人对安南人也是同样待遇，不过安南人大都穷苦，生产能力薄弱，所以法人对华侨的剥削，特别的厉害，以偿他们骄奢淫逸的不足！侨胞在此地业米商的很多，药材商，棉业商也不少。此地侨胞有一万人以上，华侨学校有四所，还有华侨商会，里面有祖国的报章杂志，图书等物，还有每日抗战情报及无线电等。

“讲到安南人，他们简直牛马还不如。他们被汽车轧死了，只得五块钱抚恤金。他们的漂亮女子，都被法国人娶去，法国人因为安南女子容易负担，所以一人讨几个安南妇女，不算什么事！生了男，就送回法国代他们服兵役或劳役，生了女子，留在安南，所以现在安南有男少女多的现象！安南男子大都好逸恶劳，女子都较男子刻苦；在安南地方，女子负担男子的生活，并非奇事！

“安南文字本为汉字，现在以罗马拼音字代之，就是以罗马字母拼成安南音，作为现在通行的文字。这种文字，容易学习，所以现在安南文盲很少，四十岁以上的安南人还有能识汉字的，青年人只懂法文而不懂汉文了！”

吴先生愈谈愈兴奋，但是脸上充满着严肃而痛心的神气。我静听到此，不觉毛骨悚然，一百支光的电灯也似乎现出幽黯的色彩。因为时间已不早，他就给我一个地址，约我明天去午餐，那种诚恳而亲切的态度，真使人感到中华民族的多情而富于人性！

四月二日整天在海防市区游览，海防人口并不多，商业也并不发达，但是市容倒还不差，柏油铺的街道，两旁绿荫满地的树木，显出海防市的优美。但谁又知道里面住的都是些猪狗还不如的亡国奴呢！安南人的商店招牌，除写着罗马化的安南字外，大都旁边还写着汉字，他们总算还不忘本啊！他们的服装，仍带着汉人的色彩：男子多着长衫，但至胫膝，足踏木屐；女子亦御长衣，头挽发髻，足登拖鞋。但贫苦的男子都着短衫裤，像我国的苦力。女子则在胸前围一胸围名曰诃子，外面披着一件没有纽子的衣服，腹部系一布带，阔而且长，两端下垂。街头所见的妇女大都穿着这种服装，一望而知是贫苦的阶极！

安南有一奇怪风俗，即无论男女，牙齿都染黑色，口嚼槟榔，红沫满口！走路时大都无精打彩，再穿着木屐和拖鞋，更显得萎靡不振！

在海防，首应注意的是扒手和小偷。街道上并无警察站岗，似乎有路不拾遗，夜不闭户之风。其实扒手和小偷之多，甚于国内任何各地，其手术并不高明，有时竟是明抢！这次我们同学中礼帽被抢，钱袋钢笔被偷的，为数不少！一天晚上，女同学们即因扒手危险，特别集合九人同到街上游览，一人手中带一电筒，不料刚出大门不久，即有一扒手迎面而来，强夺女同学手中的电筒，当时呼救无应；其他女同学只得聚上帮忙，经过一度争夺战后，结果仍被夺去！还有几位同学到邮局中去寄信，未到邮局门口，袋中之信，即已不翼而飞。种种被偷趣闻，不一而足，这大概也是帝国主义者敲诈剥削的结果吧！

关于安南现行的文字，我也听到一段故事。据说，汉字在安南所以失去地位而为罗马拼音的安南字代替者，当初并非法国统治者的本意。从前安南有一法国教堂中的牧师，以罗马拼音的安南字试教一安南文盲，经过几个星期的试验结果，该文盲居然能够写读。于是该牧师即以罗马化的安南字做传教工具，后来竟为当局者采用以代替汉字。殊不知罗马化的安南字容易学，现在安南的文盲特别少，应当归功于此！可是法国统治者已经觉悟了，反悔从前的失策，惟恐安南人知识开通，以罗马化的安南字做革命工具！

我国近来有许多人提倡以中国字罗马化来扫除文盲，用意固然很好。但中国方言各处不同，根据一地方言的罗马拼音字，不能为别处人所懂，所谓中国字罗马化，结果形成全国文字割裂的局面，自非一般提倡者所愿意。所以在国语统一运动尚未成熟以前，中国字罗马化，尚有考虑的余地哩！

选自《宇宙风》一九三八年第七十二期

// 从香港到昆明

赵捷民

我在香港住的是一个小的旅馆，叫鸿安客栈，算是香港最便宜的旅馆。每人住一宿连吃饭港币一元。那是一位常跑海外的同乡商人介绍的。我在香港住下，不过是暂时的路过，是不能久住的。吃广东式的饭后，我独自一个人走到街上找北平图书馆分馆，在沿海的街上胡乱的走着，来来往往的行人非常的拥挤，我知道那里盗风很盛，把自己唯一仅有的几十元路费，特别留意的照顾。路旁拿小板凳的小孩子，追着我跑，一面说着广东话，大意是要替我擦皮鞋。他们追得我很讨厌，因为我的皮鞋是不需要旁人替我擦的。

那里大多数是广东人，也可以看到一点抗日的表示，如墙上贴着“日寇从台湾运来的猪肉蔬菜，我们要坚决反对，绝对不食仇人的物品！”以往也有过义卖。

我好容易碰到一个巡捕，问他北平图书分馆，一点也不懂，我用纸条写，他也写：“商务印书馆在英皇道。”我无奈向山上走，以为山上准是文化区，果然，找到香港大学。问工友，知道在冯平山图书馆下，那时正是香大下课，男学生一律西服，满口英文，女学生打扮得更漂亮：赤脚穿高跟鞋，脚指甲都染红了。碰见长须的许地山先生，可是他不认得我。到分馆，看见一位湖北先生，很亲热，我问袁万二先生？他说：“都上昆明了！”我失意的吸了一口冷气，再问北大招待处，他说：“无有！”这样一来，可把我愁坏了！怎能办护照呢？人地两生！他告诉我有一位沈先生是北大的，还在。我很高兴说：“正预备找他！”他指示我地址，并拿出一封信告诉我往昆明情况，又和我谈些旁的事。他是一个热心肠的好人！突然走过一位女职员说：“广东虽然放弃，武汉也放弃了！可是我们的长期抗战，是必胜的！”大家都兴奋满面。

我见着沈先生，他是一个更诚恳的同学，十分帮忙，赶快找到驻港法国领事的朋友给我证明，三天后护照就拿出来，花了港币六元一毛。

我走到街上，北方穷人看见我的蓝衫，有几个招呼同乡和我要钱，其中还有一个被伤军人拿着证明，我给了他们一毛多港币。那里学校很奇怪，下面是商店，楼上就是学校，课目：主要是英文，中文的只有四书五经，那里有很多中国富人，似乎在香港住的越久，越把中国忘了！

香港是“钱”的世界。物品一切都贵，加上一块港币合两块国币，真不得了！旅馆老板伙计全会敲竹杠，同行陈君叫老板代办种痘打针证（买船票必须有）要一块二毛，自己买只用八毛。小广东到海防船票十元，他偏说十元半，陈和他争辩，他称听错或记忘了。本来种痘打针证可买，也够滑稽了。

那里不是穷人久住的地方。在一天午后，我们上了小广东船，这回我们带的东西多了，沈先生托带一件大柳条箱及一件小提包到昆明，我马上应允，明知海防检查甚麻烦！可是我的主张，就是不避艰险，只要能对住人！我们花了九块越币买了两个行军床，陈的隔床是两位女士，陈觉不好意思，总移动床，突然来了十几个海关检查员，要检查那个大柳条箱，我刚要打开，他又细声说："拿两块港币！"并用两指表示，我说："没有！"他不高兴，又要检查，又说："一块吧！"我说："两毛有！多——没！"他气忿忿的翻柳箱，翻不着什么，只好走了，这算什么章程呢？！可叹！不久船开了！与香港告别。

船开的又很稳，护照被船上人收去，天气更热，我穿着衬衣，到外面乘凉看海景，山峰慢慢的消失，只剩无边的大海，我又回到船里，一个女士突然扔到我们身边一个香蕉，我们怀疑，谁也没有吃，开饭了，三位女士和我们都在一桌吃，饭菜都不错，就是没有汤，饭后，又突然发现我们身旁一块饼干，我们把它送给另一个女士的小女儿。

雨夜一天多，就到了海防，正是上午十点左右，船停了，我们把行李等都贴好 ×× 旅馆的条子，走出来，上来几个头上卷布的贫苦安南人，被海关人员打的只是躲！据说海关小偷很多，我们都加紧防备，下船之后，走到检查房等候检查旅客，所带东西全须放在那房子里，我们在房外等了一忽儿，天气热极了！汗珠直向下落，我和陈每人大喝了一瓶汽水，听说下午两点才开始被查，于是我们雇佣车到 ×× 旅馆，用手指比好一毛钱，可是他们不肯定，只是说话，我们都不明白，跑来一个我国人，大概是海关人员，向我们说："他们怕二位到了，不给他一毛钱！到了，给他一毛钱吧！"我们说；"当然的！当然的！"洋车夫开始跑了，又来一个骑自行车的我国青年说："二位多少钱雇车？"我说："一毛！"他点头走了，大概是虑我们多花钱。

沿路的风景，很是幽雅，青青的稻田旁，夹着小的水沟，有不知名的洋树，一行行的，一所所的洋房，并不高大，洋车夫突然又不走了，又和我们说些不明白的话，那个海关人员又坐洋车赶到说："他们想立刻要一毛钱，怕到了你们少给，他们到了，请给他一毛。"我们当然都允诺，那位吩咐洋车夫走了，我们说声："谢谢！"华侨的友爱祖国同胞，实在可尊敬的！

同到 ×× 旅馆，经理拿着竹棍乱打洋车夫，我们付钱，他也不许，原来由码头到旅馆，定价七分，怪不得洋车夫在路上总想先要钱，原来如此不近的路程，我也情愿费一毛钱啊，在旅馆里吃午饭，还不错。

午后再去检查房，三个法国人和几个中国人都在预备着检查，不久检查开始了，检查得太严，我的被也撕破了，东西乱翻，我带的那大柳条箱，绳子都被扔掉了，小提箱的锁也摔坏了，消耗三四点钟，才算检查完毕，那里被扣下的食品衣料等不少，好在我们并未丢东西，万幸万幸！他们只对穿西装的和妇女稍客气些。中式装束的人，常被搡或挨无道理的检查，法国检查员似乎更态度不庄重，常搡得旅客东倒西歪！我在东西全被检查后，挤出人群，法国先生又向我跟前跑来，我急躲出去，他在无办法中也只好遗忘了我。东西交给旅馆伙计，我们才乘车回去，归途中，看见另一个国人用洋烟火烧一个安南人的耳朵，安南人多数是贫穷的，处处可以见到亡国的惨痛！亡国奴简直不当人看！安南是亡国了！

旅馆招待很好，一切不用自己费心，但是店价也够多的，一宿每人三元多越币，次天，早四点去车站，行李必须过量，行李费我们花了越币一块一毛，坐的四等车，票价两块九越币到老街，行李放在车当中，五点多车开了。

列车较小，比北平电车稍大些。窗户很大，无有玻璃，野外全是碧绿的稻田，穷而脏的安南男女在忙着工做，何等美丽的地方，可恨前清昏聩政府以战胜国家把安南拱手让人了！

过的车站很多，都是简洁的西洋建筑，九点多到嘉林。换车开往老街，同车一位云南女士，她懂安南话，帮我们的忙不少，无论买车上安南小贩的东西及叫脚行。十点车又开了。车摇动的很利害，当中放的衣物，总向下掉，煤灰也是时飞进来，大车站上也间有摩登安南女子。不过牙齿仍是黑黑的，过了一上午平原，在午后渐渐到了山地，车身也渐渐高起来，山上满是树木，尤以香蕉树最多，法人之经营安南，也真让人称赞。在晚八点多钟才到老街，东西仍交 ×× 旅馆，下车后人们都很疲倦了，还得去对护照，一间屋子里，法国人签字，中国人读名对像片，九点多才能到旅馆。

立刻开饭，饭很可吃，饭后，伙计来谈过河口很难，非有我国证明不可，我们都想我国地方总好办，况且我们是由战区来的，不过心里也忧虑怕不让过去。

第二天，早五点钟拿东西过桥到河口，先在检查处交护照登记，有证明的几位全放走了，只剩下大批没有证明的，我和陈真着急，我再指着护照向办事人员解降“是北大学生，香港大学教授 ×× 证明，到云南上联大，写得不是很明白么？请原谅！我们是天津来的，不能带证件。”他才允许我走，仍不许陈走，因为他在北平起的护照，只写“学生”，太简单了！我在无办法之时，拿出沈先生托带东西的名片上有我们的名字，交给北大罗教授等语，他才放我们走，真险！车就快开了！我说是联大学生，检查人员还很优待，未特别检查，刚上车，车开了。

下起小雨来，空气很新鲜，我们都很高兴，以为重到祖国的怀抱中来了！过的满是高山，山下的小河，山旁的小瀑布，何等幽雅的景致呀！已往在图书上所见的山水，原来是在这里，祖国真伟大啊！

车上看见云南警察，军人，及航空学校学生，都觉得很亲密似的，小贩卖面汤的，上面加上鸡肉，很好吃，拿大竹筒抽水烟的人们，更觉得奇怪，有趣！

晚六点到开远，又预备住 ×× 旅馆，不料地址太小，不能住了，另住一个小旅馆，算很便宜，八毛钱连住和吃饭，还上来一盘火腿，觉得很新鲜好吃。饭后到街上散步，看到街上中式建筑，简单可爱。买点食物，他们是言无二价，云南人诚实得真可敬。回店刚要休息，进来一个青年领着四五个童子军，拿着小旗的青年很客气的说："请捐些款，我们为前方将士募寒衣。"我们两说很好，不过我们是穷学生捐不多，请他原谅！我们两人捐两毛钱，又谈起，原来他是北大本年毕业生，在农校教书，我们因为文理分院，并不认得，我们互道："昆明见！——昆明见！"而分别了，又来一个警察问我们，我们说："联大学生！"他点头走开，我们都说："现在才算恢复了自由呢！！"

早晨五点多上车站，去昆明的人太多，我们好容易挤过去。车六点多开了，沿路仍多高山，竟出入山洞，太多了，滇越路的工程真不易呀！沿路民人，都很穷苦，有很多荒山，山坡上只有很少可种的田，我想国府正在开发西南，不久这里也会开垦呢？！

下午三点以后，渐渐走向平原，远山小河，真美丽啊！宜良车站建筑很整齐，上来了三个穿黄色衣服的女生，她们谈吐活泼大方，一看知道是中学生，心中很高兴，以为连女人都武装起来！真是好现象啊！五点左右，到了昆明，下车之后正碰见一位面熟不知名姓的同学。由他口中知道学校一切，附近一个穿高跟鞋的女生，我感叹！高跟永远不能脱离某种女子的脚下呢?!

到学校已经晚上，首先注入眼帘的是门外墙上的“举国同温将士寒”，我很兴奋。晚上，太疲困了！很早睡下。第二天，看见旧日同班同学，都很惊喜！下午到街上走了一回，由同学口中及事实表现，我觉得后方青年太沉闷了！我们不要得过且过，应时时想到前方流血的战士，我们时时不忘团结救亡的刻苦工作啊!

二八，一，于西南联大

选自《中央日报》一九三九年二月七日

// 香港印象记

赵捷民

因为要办同行的护照，在香港住过好几天，在那个热带的岛上，天气的确着实的热，记得那时的北方，应该都穿着棉衣，而在香港，竟使你连单衣都似乎有些穿不住。在最热的时候，自己只好脱下多年来的蓝布长衫，而换上几年前在北平由稿费换得的一件纺绸衬衫。当在街上走起来的时候，仍不免有时汗流夹背。

那里的街上，的确很热闹，来来往往的人们真多，差不多都是西装。间有穿长衫的，也不过是新从我国内地去的。就是苦工，也要穿一套破而大的西装，虽然那里是带有外国风味的英国殖民地，仍是我国同胞为多，英国人简直看不见，只有时看见一在街上站岗的头上包黄布落腮胡子的印度巡捕。

岛上的同胞们，大多是广东福建人，他们的话，旁的省份人是难以听懂的，大商店的店员们还能操几句英语，小商店的店伙，只有和他们比手指头，当你买东西的时候，怪不得在北方听到某君说："到香港，如不会说英语，简直等于哑叭！"因此迫得作者也不得不谈几句英语。

由事实上的观察，在香港能说几句英语，不但便当，而且被人高看，不致拿你当老赶，商店伙计也不会敲你的竹杠。记得作者初到那里，好容易找到一个最便宜的照像馆，因为讲价用我国文字在纸上互相交谈，结果二毛"港币"他允许给我照三张像片，我照完像后，他说三张像片要四毛五港币。我当时大为不满，要求看那对话的纸，他理直气壮的说："啊！这不是四毫五！"啊！真是！原来他偷偷的改了！我在盛怒之下，发现"五"字以旁有个阿拉伯的"2"字，我立刻灵机一动说"这不是么？二毛五！"我用手指着牵强附会的中外合句的对话，他竟无话可说的承认了！当我受了此种教训之后，于是用起英语谈话，果也见效，各商店伙计都殷勤招待，虽然我不大肯化钱买他们的东西。

当我和陈一同出门的时候，我也劝他说英语。他反对，虽然他是外语系的高年级生而专攻英文有成绩的，他说："屁事！那些人不懂英文！"也许吧！说英语也有时碰钉子。当然到领事馆办护照的时候，由朋友介绍得和法国领事小谈，又和我国一个长面西装同胞，接洽办护照事，最后我很客气的说了一套英语，大意是请他快一点，他竟装做没有听见，眼皮也不动一动的在勤于他的职务。

午后，常到生活书店或商务印书馆去参观书，可惜自己手里的钱太少了！不能多买些书。书店里光顾的人们也不少，可是当你选到一册书要买的时候，总找不到店员，因为店员与顾客都是很漂亮的西装，况且店员也不大在柜台旁看着，也和顾客一样的带有流动性。我在那里只买了两册书：一册《世界知识》，一册《日本必败论》。

晚上，天气太热，也没有事，常和陈及同伴刘君等到海沿码头游玩，我们第一次去，看见一行长凳子，大家一齐坐下去，不久，一个青年印度巡捕来了，向刘君指着凳子上的英文字，让他看，我们才发觉了我们错坐了女人席，他为什么单向刘君指说呢？！也似乎有道理的，他以为穿西服的一定认识英文，不穿西服的大概不大认识英文吧！

另一行椅子，在码头头上，有不少的情侣坐在那里，青年印度巡捕看大家坐定了之后，向每人要大洋一角，我想此种供人休息的地方，是不会要钱的，大概总是印度巡捕的生财有道吧！

在海沿上可以望见来往九龙的满载客人的船只，遍海都是灯光，从大轮船及小渔船上放出来，照在水中动着的影子，也是一种奇观，一阵阵的海风吹过来，周身觉得轻爽，把每个人身上的积汗，不久都吹的没有了。

香港的学校，似乎很不少，大多数是在楼上，第一层照例都是商店，也许第二层是一个女学校，第三层又是另一个男学校。下面商店的嘈杂声音一定可以和楼上的讲书声音相应合。他们主要的科目是英文，中文科目就是一点四书五经，现代中国的新思想，不但在那里见不到，连白话文都是见不到。据说在那里的高中毕业后，在香港经商是很适当的，香港大学最近有了中文学院，由许地山先生主持，学生的国文程度，并不高明，所以许先生是要费很大的力量。在香港受完了高等教育回到中国，实在还不如到英国便当。

自从我国全民抗战开始之后，国内各大学多被敌寇毁坏。于是香大的学生也多起来。这些到香大的学生的家长，多数经济是太充裕的；为了避免他们的子弟在国内大学生活的刻苦，及敌机的骚扰，于是被送到那里去过安适的学校生活。

在不久以前，那里成立了甚么 ×× 学院，登报是专为收容战区失学的学生，并不收学费等情，有一天，我无意中看见了该校的简章，收费之多，比国内任何大学都过之无不及，此种收容战区学生法，也只有所谓腰缠累累的高等难民而有机会去享受此种学校生活。

劳工们处在那种环境之下，也忘记了积蓄，不论每天得到多少工钱，到了晚上必走到酒家大吃大喝一顿。当深夜来临的时候，卧在商店的廊下枕着扁担睡了，第二天得不到工资，也许就饿一天，因此他们的脸上总是充满了菜色。

香港没有明娼。据说暗娼非常的多，傍晚时分，在商店灯光照耀之下，出现于街头打扮得十分鲜艳的女郎，据同行某君说，多是暗娼，那里女人的装束特别的讲究，也似乎十分的妖艳，作者实在分辨不出良家妇女与暗娼，也许到过香港留心事故的人都有此感吧！

那里的中文报纸很多:《大公报》,《星岛日报》,《大众日报》,《星报》,《立报》等，也是因为战后移去的为多。有些报纸如《大公报》等都很显明的告诉读者那是国内的权威报纸，为了使命起见，必须在香港设了分馆。自从北平的权威而持论公正的《世界日报》，惨遭敌伪接收以后，成舍我半生的努力，一旦付之东流！伤心之余，在香港创办了短小精悍的《立报》，大报如《星岛日报》是华侨办的。

杂志在那里出版的也不少，以生活书店为最活跃，甚么《世界知识》,《文艺阵地》(现移上海出版),《妇女生活》等，内容都很充实，商务印书馆也老成持重的出版着有长久历史的《东方杂志》,《教育杂志》等，此外,《时代批评》,《大风》等，有很多种杂志在出版。香港文化界这样的活跃起来，也多是靠着国内努力的人士供给稿件。

那里十分之九是我们的同胞们，然而对于国内的全民抗战的表现，很少见到，也许因为香港究竟是外人的殖民地吧！所能见到的，也只是在许多的报纸上及书店的书册上，充满了我军的伟大战绩，及全民抗战复兴民族的思想。

所能看到的是什么呢?！升平之夜，跳舞场的歌舞声，红绿灯相映的戏院表演，我国古代的醉人的香艳故事，电影院千篇一律的放送欧西太平之世的纸醉金迷的浪漫生活，生长在该地及躲在该地的高等青年难民们，穿了摩登的夜装，争着拥挤着去买票，和北平著名大学夏季招生报名最末二日之情况差不多完全一样，同时各大酒家的行酒令之声和戏院的锣鼓声也可以互相应和，深夜一切沉寂的时候，又有不少的人在暗娼的家里过夜了。

在香港，有的是可游玩的地方，可消遣的地方，假如不看报纸，也不看杂志及现代的书籍，简直不知道自己国内是在全民抗战，况且有些人根本看不懂也无兴趣看中国的报纸及杂志，说香港是个世外桃园，还有人反对么？在香港住久了的人们，似乎对于祖国的同胞并不高看，也无有所谓同情，我以为若在香港找到同情祖国的人，只有从海沿的北方巡捕中去找！当他们看见祖国人们，那种不嫌其烦的指示，真可敬佩！也许是因为他们看见过故乡的痛苦，一旦看见祖国的人，就当是兄、弟、姊、妹来了！

在这世外桃园长久的住下去，我相信他准成了桃园记中渔人迷路的地方的人，不过还不如那里的人对祖国人的亲密。

——于昆明联大

选自《大路半月刊》一九四一年第四卷第四期

// 西南联大通讯（昆明）

徐　羊

××：

没想到你已经到四川了，近况怎样？很希望告诉我一些。

我校迁来云南。已有两个月。因为不知道你的通讯处，所以无从报告你一路上的经过，和到昆明后的情形。我想关于这些，你一定是很愿意知道的。现在我就粗枝大叶的描一描这轮廓吧！

我们是在二月底离开长沙的，当时同学分两路去昆明：一路是乘粤汉路，经广州香港海防，而到昆明。这是海路。一路是经常德芷江贵阳，沿湘黔黔滇公路，而到昆明。这是陆路。我是由海路走的。

一路上经过很多胜地，见闻增长颇多；可是写起来恐怕是乱七八糟的一大堆，只好简略的说一说：

我们第一个到的大都市，便是华南的首埠——广州。在广州岭南大学招待的非常热烈一群南国的青年，和另一群天南地北的流浪儿们，在敌机威胁下，济济在一堂，真使人无限的感奋。广州的市面很繁华，虽然敌机每日来袭，可是人民却毫不在乎，依然做着自己的事情，市面不见衰落。今阅报见敌机屡屡滥炸市内，建筑物炸毁了许多，人民的死亡，每次都是几百几千的，恐怕广州的情景，已非昔比了！

因为学校在昆明尚未修好校舍，所以我们在广州住了一月之久。这样机会得以尽情地游览这华南名城，真是幸运极了。

路过香港，住了两天，觉得异常闷气。这里是高等华人的避难所，马路上总是挤满了行人，各娱乐场所特别热闹；至于爱国情绪，却见不到！他们和她们好像无国籍似的，和自由港的香港一样的自由，中国的对日抗战，好像对他们不发生关系。写到这里，我想起了鲁迅在《八月的乡村》序言里的话。他说，大概是日本箭内亘氏的著作吧，他曾一一记述了宋代的人民，怎样为蒙古人所淫杀、俘获、践踏和奴使。然而南宋的小朝廷，却仍旧向残山剩水间的黎民施威，在残山剩水间行乐；逃到那里，气焰和奢华，就跟到那里，颓废和贪婪，也跟到那里。那些高等华人。虽不是些什么“小朝廷”，而且黎民也没钱到香港去避难，他们也无从施威；但是，行乐，奢华，气焰，贪婪，颓废荒淫和无耻，确是跟着他们走的！

到海防，这是外国了。（可是从前也是中国的地方）未下船，就先缴验护照，下船后，又有法国海关的检查，幸事前已交涉妥当，所以并未有所麻烦。

海防的华侨很多，其中多半是广东人，爱国情绪，异常高涨。最令人感激和兴奋的，是小学生们对于祖国同胞的亲热，看了那种天真诚挚和关怀祖国的样子，使你不自禁地要流出泪来！

海防本地的安南人，大多数是不事生产的；所以偷抢之风很盛，同学中有些吃了他们的亏。

在海防住了两天，当地华侨派出代表，招待我们全体同学。不但“吃”和“住”不花钱；临走时，还送给每人四个面包。我们真像在他乡遇到了亲人。

乘滇越铁路到昆明，因为有学校派来的人迎接，所以一切尚感方便。

我对昆明的印象还不坏，只是人们太慢性了，作事拖泥带水，一点儿也不敏捷，生在二十世纪，而作不到“快”字，恐怕要算文明的落伍者了！可是人民却很朴实，比起香港来，真是天壤之别！这里一般的人，都不大讲卫生，大概是因为饮食不当吧，有很多生“粗脖子”症的。

在建设方面，昆明很差。这也许是因为在远远的内地的缘故。

这里的天气很怪，晴天穿单衣，雨天穿棉衣，一寒一热若不谨慎很容易得病。

我们是四月二十几号到的昆明，五月十六号学校开始上课。教授毫不通融，于是乎忙起来哉！现在每天都在赶作指定的习题，这几天又月考，真是忙的人要死！抽空写了这封信，未免杂乱无章，还请你原谅！

本学期定于八月十几日放暑假。暑假时，有集中军训，完了。

敬礼！

选自《抗战青年》一九三八年第一卷第五期

// 从清华园到长沙临大

陈　达

（甲）告别清华园

民国二十六年七月二十七日午饭后，余照常往清华大学图书馆地下层个人书房工作。四时接内人电话，促即归家。余时方起草英文新书，名曰 Emigrant Communities in South China，正拟稿至第五章“妇女的社会地位节”忽听电话，搁笔，匆匆回家。内人曰：“西园今日下午有三辆汽车入城，二大一小，大半的邻居都搬入北平去了。听说今日的风声甚紧。”余曰：“你们如觉得胆小，我们也不妨进城去。”说着收拾行李，置于两手提皮箧之内，预备雇小汽车，无应者。五时半，有一熟车从北平返校，经西园门口，余等一跃登车。即余夫妇、旭人、旭都、旭清及傅妈，留赵妈在西园三五号寓所看家。本晚宿北平骑河楼三九号清华同学会宿舍。

二十八日清晨三时惊醒，闻炮声，自北平西南角近郊传来。校工老槐来报信：“听说敌人要放毒气，快用酸醋洗鼻孔。”余等睡梦半醒，听此言似乎将信将疑，亦未深究。天明即起床，进早点后，余步行至米市大街青年会，预备坐公共汽车返清华，继续撰述前书。但西直门已闭，公共汽车业已禁止通行。

二十八日晨五时许，敌机炸北平西直门外西苑兵营，此兵营靠近颐和园，离燕京大学约二里，离清华西园约二里半。炸弹下来时，燕南园与清华西园住宅的玻璃窗俱震动。留在清华的同人们，照预定计划分别在图书馆，大礼堂及科学馆的地下室暂避，妇孺们受惊后有啼哭者。

北平天空可以看见敌机，北平市内随时可闻枪声与炮声。二十八日下午，有敌机一架低飞向西，过景山时用机枪扫射，但未伤人。

谣言甚多，人心惶惶。清华同学会内充满了由清华园搬来的同学们。游艺室与会客室几做临时寝室，饭桌和台球桌作为卧床。敌人的便衣队，偶尔入内打听动静。

余夫妇觉得同学会秩序渐乱，于七月三十一日迁入西长安街中央饭店。八月三日，敌军整队开入北平市，自西长安街至东长安街，沿街布满骑兵步兵坦克车各种炮及机枪等。司令官以日语演说，余立在中央饭店二层楼看台，呆若木鸡，心中若有所思，若无所思。街上满站日本兵，演说者即在东交民巷出口的空地，余虽未能听清演语，但眼看敌人占领故都，自然心乱如麻，有哭笑不得的情景。

听说中央饭店是法人（天主教）的产业，系中国人的营业，未有日籍房客。隔别长安饭店却有日人住客二十余人，南河沿有一公寓，日籍房客约占四分之一。卢沟桥事变前两星期即是如此。

熊迪之夫人住于北京饭店（法人替业），即在中央饭店近旁。一日约余等同往清华园，乃西直门开放的第二日。燕京大学门口有日兵，搜检行人。清华园大门口有日军官来搜校警所用的来福枪，并搜同仁等私有猎枪（包括鸟枪与来福枪）。余夫妇至西园寓所一看。因日军官不许运行李，未携物即返北平。

八月十四日迁东总布胡同草厂小门九号，因房东吸食鸦片。我们感觉不便，于九月十日迁大方家胡同芳嘉园火神庙九号，由同级友凌幼华兄之介绍，租得此宅。余等才由清华园搬运家俱杂物至此。有人劝我们不必搬物，因秩序已乱，人心不宁，家俱及家用物品卖价甚低，但运费甚高：人力车每辆自清华园至西直门五元，驴车每辆自十五元至二十元。旭都入育英中学初中一年级，校址在灯市口，每日早出晚归。旭人在燕京大学借读，入经济系二年级，住于燕大宿舍，入城时坐燕大公共汽车。旭人已在南开大学经济系修满一年，南开校舍被敌人炸毁，继之以焚烧。旭人所有书籍及行李衣服，存校者俱付一炬。

日复一日，昏沉的度过去。战事的消息，大半于我国不利。敌人攻下一大市后，辄在北平报纸上宣传，并强迫中学生及小学生结队庆祝敌人的胜利。余心中懊丧、忧惧、愤慨，终日无所动作。既不想作事，亦不能作事。觉得坐立不安，情绪万端而已。

（乙）《南洋华侨与闽粤社会》

《南洋华侨与闽粤社会》一书已于五月一日脱稿，其一部分连同目录，寄上海商务印书馆审查。六月初商务与余签定承印合同，并嘱将稿交北平京华书局排印。卢沟桥事变起后，时局不靖，生意冷淡，该局裁汰员工，将印刷事搁起，十月末，秩序渐复，余一日路过虎坊桥，往访经理张雄飞先生，蒙允即日排印，制纸版，余允加紧校对。是时余家已迁住火神庙九号，余继续起草英文稿本，于空闲校对中文稿，稿子随到随校，从无耽误，印书局方面，亦集中排印工人，加紧工作；全书三二三面，于十三日内排完。余将稿中重要错误更正，文字亦略加润饰。关于精详的校对，托付老友吴文藻兄（燕大社会系教授）及老同事倪因心兄（清华社会系助教）。倪君是本研究得力助手之一，于本书内容知之最谛。余于十一月十日离北平，前一日将全书排好的初稿阅读一遍。

十一月九日因心兄来寓，襄助校对中文稿毕，把我的行李分送到东交民巷某洋行（那里面有书籍及稿件，不愿受日人检查者）及铁路局并买好火车票。晚饭后余夫妇到凌幼华兄住所告辞。明日余上火车时并未通知亲友，仅因心兄在火车上略谈辞去。车即开行。

余于宣统三年考入清华学校之后（当时称为游美预备学校），在清华肄业约五年。民国五年毕业，即赴美游学，民国十二年返园，即应清华之聘，任教社会学，乃于是年九月由杭携眷往北平，中间余虽数次暂离北平，但眷属却在北平常住。此次余个人离平，距家眷来时十四年又两个月。

（丙）《南华迁民社区》

《南洋华侨与闽粤社会》一书脱稿后，余即继续撰著英文书，此书的内容与组织，并未完全与前书相似，后书即称《南华迁民社区》（Emigrant Communities in South China，Shanghai，kelly and Walsh，1939 New York，1940），自民国二十六年六月一日起，余即忙里偷闲，在清华图书馆地下层个人书房起稿。按多年的习惯，余的夏季工作时间，为自晨七时至下午六时，中间须除午餐及餐后小睡，偶尔有运动如游泳之类。日日如此，虽遇星期日，亦工作不断。余撰此书时每隔十日钓鱼一次，每次约三小时，此外甚少其他消遣。七月二十七日下午因卢沟桥情形紧张，携家入北平，停笔。八月末，北平火神庙寓所租定，余亦心神渐安。某日往清华图书馆书房探望。稿在案头，笔在架上，正如四星期前余搁笔时情形。乃将全稿带回北平，自九月中旬起，继续拟稿。约因心兄及姚寿春君相助。因心组织及分析一部分的调查材料，姚君任打字员。余延长工作时间，每晚约加工作三小时，至十一月五日，初稿完成。太平洋学会研究干事荷兰德先生（William Holland）时客北平已将一月，余将打好的稿件，按日陆续交给其书记。余十一月十日离平时，英文全稿已交去，但有些部分尚未修改，有些材料尚未加入。

（丁）由北平到长沙

由北平至天津的火车，其快车平常须用二小时半，此次约行四小时半（十一月十日下午四时半开，八时二十分到），因兵车甚多，沿途停车。天津租界内人满为患，邻近乡村的殷富住户相竞迁来避难。旅馆、饭铺及娱乐场，生意特好。十一月十二日下午四时，由津乘拖轮至塘沽上轮船，夜十二时到。此短距离行李运费每件国币一元，比平时约高一倍余。太古盛京轮船客满，票价自津至申房舱四五元，比平时贵一倍半。十三日下午四时轮开，十四日晨六时半到烟台，下午二时到威海，十五日晨六时至青岛。青岛表面看不出紧张的情形，以往三星期内并无日本飞机闯入市空，市内中山路一带的日本商店，俱闭门，并贴有市政府日领馆共署名的封条。至青岛时余有六件行李托旅行社运至长沙。同仁有在青岛起岸者，准备由陇海路往汉口转长沙。青岛生意平淡，人心不宁。我国驻军与警察，防卫颇严。轮船于十六日晨六时驶出口外，见日本军舰二艘，停泊海中。是日下午五时三刻余站在甲板上，时此轮已入黑水洋，天雨，忽来一大浪，湿透余的帽袜鞋及西装大衣的一部。在余旅行津申的经验中，以此次风浪为最大。

十七日下午二时船到达上海，码头上人山人海，有些是挑夫，但大部分是望眼欲穿来接船上客人的亲友。内弟姚匊珊，因得余津电来接。余于人群中挤出，失去钱囊一，并钞银三十元。上岸后余至中国旅行社探听消息，据说明晚尚有一轮，开往南通州。余改变旅行计划，放弃由申乘轮至香港，由港坐飞机至长沙的办法。十八日晚即在该轮守候。上轮送行者有朱仲梁向明思及姚匊珊。上海租界内人口拥挤，物价昂贵，每人每次限买米一元，肉每元可买一斤四两，青菜每斤价九百六十文（每元三千文）。十九日清晨旅客尚蜂拥而来，是时轮上已无隙地。前夜在街上行走，见有若干处废垣断瓦，浦江东岸，有数处尚在燃燃中。新北京轮于十九日晨十时开出。在恒丰、永安、大中华钞厂的房屋上，可见弹痕。日本邮船会社亦一部分被毁。轮过狼山福山，见日本军舰及运输舰七八十艘。六小时后即与我方岸上陆军开火。十九日下午五时轮抵通州天生港，用拖轮搬行李，天黑时改用大号货船，满载千余人（是日到埠共四轮，约七千人），在小港中行三里。上岸雇汽车二，由同行者六人分乘之。到唐家闸，旅馆俱告客满，在乡人家住宿，有床，但需自备被褥，每人付一元五角，二人同床。第二日有小轮一艘，驶往镇江。余得信，晨五时起，见天生港边候轮人及难民，排列至五里以外，乃改变方针，同行者知怡和公司英职员有小汽船往口岸，并有装行李的二拖船同行。余等与船夫私约，每人付拾元，在拖船内，借一席地，当私货运走。船未开时，船夫叮嘱大家，切勿漏头，免被英籍主人责难或阻挠。船开后，我们偶尔伸首出船篷吸新鲜空气。小汽船在小河及运河驶行。河身有时与岸平，有时较低，不能见河面。岸旁即菜园豆麦田与桑地。远望帆船迎面来时，如航行在菜园及桑地中。二十日晚八时半到海安，宿于有斐旅馆。二十一日晨七时三刻开船，距口岸尚有一半路程计一五六里，经泰州，于下午六时到口岸，即上太古黄浦轮，晚八时开。十一月二十日晨七时半到镇江，余上岸买些食物，划子摆一渡每人收费二元五角。街上行人甚少，店铺闭门者十分之八。余问店伙“何故”？答曰:“有警报”。自卢沟桥事变以来，余尚未听过警报。

上海开战以后，自口岸至汉口，上驶的轮船，仅余黄浦轮一艘，余等由小船拨上此轮，离开行时仅二小时。好在余只有手提皮箱二件，实系预备坐飞机的行李。船上舱位全无，同行者有一苏州人，认识一茶房，系在官舱供职者，急趋前认同乡。此人与余同睡一长椅，每人出三十元。二十三日下午一时黄浦轮离镇江，晚七时半到南京，由南京至汉口水路一六站，每站九〇里。南京下水五〇里，在江面南岸有龙潭，是江面最狭处，宽约仅二五〇码。听说政府预备在此地沉船封锁。江南岸近边即有绵延的山脉。但俱不甚高。

二十四日晨八时到芜湖，为避免旅客上船，轮不开门，但上船者人数尚不少。男女旅客或攀绳或绕竹竿而下。芜湖的草桔一角可买四个，咸鸭蛋一角三个，夜一时到安庆，轮未开门。

二十五日晨八时过小孤山，此地可遥望及大孤山，江面宽约一英里。晨十时到湖口，距九江仅六五里，夜二时轮抵黄岗。

二十六日晨十时到汉口余与同行者三人寻旅馆，半小时内到六家询问，俱报人满。同日到埠的轮船，俱由上海或南京上驶，共载旅客及难民一万余人，据说近一星期来每日如此。余自购军用床一，即住于吴至信君的办公室中。

二十七日余住汉口旅行社定车票往长沙，因军事的需要，火车仅足运兵及军用品，四日以来未卖客票。欧亚飞机亦于一个月后才有座位。发北平家中电一通，报平安，由天津清华同学会转交（后知家中未接此电）。

二十八日在路上遇见刘驭万兄，告以政府有公务员专车往长沙，蒙介绍乘此车，余入车长办公车，见其内挤满车人，政府官员的家属，难民及行李，车内无立足之地。下午二时车开，全系铁篷车，无座位，余用手提皮箱当凳，但亦不敢长坐，因这是余前数年在巴黎买的纸皮箱。车行二十一小时（平常约十三小时）到长沙，时为二十九日晨十一时。当车抵蒲芹时，饥甚，在站买热馄饨一碗，方吃完六个，汽笛即长鸣。立刻跳上火车。

圣经学校离火车站不到半里，余因不认识路，下火车后，却步行五里到北门麻园岭清华办事处访潘仲昂兄，买物后到圣经学校（二楼二十九号）自己卧室。行李甫安置妥帖，友好即约余沿车站散步，并述两日前敌机轰炸车站事，某君曰：“当时敌机下弹两枚，我见黑物，慢慢自机身下坠。站边有一家正办喜事，新郎新娘俱被炸死。”车站未被炸，但近旁民房中弹者甚多。余见一坑，深约一丈，圆径逾二丈，是余第一次看见炸弹的破坏工作。圣经学校某友的寝室，窗中有玻璃两块被震下。

（戊）长沙临时大学

北京大学南开与清华，奉教育部命令组临时大学，在长沙上课，以圣经学校为校址。余于十一月三十日到长沙，十二月二日起上课，授劳工及人口两门。余到校较晚，离开学已一月有余。有少数教师与学生，尚有后余而至者。书籍与科学设备俱感缺乏，但教师与学生精神焕发。以人数论，清华的教师最多，全校教职员的三分之二已到长沙，学生近七百人。北大教职员到者一半，学生约四百人，南开最少，有教职员十余，学生约一百人。

一般学生在校内公共食堂用餐，每人每月九元，荤素各菜比较丰富，胜于北平清华园的包饭。教师们或与学生同餐，或组饭团。每人每月用到十五圆，算是最多的了。

长沙多雨，因此菜类容易生长，菜园甚多，路旁篱笆内常见绿荫遍地，所栽植者系各项蔬菜。水果种类多而价廉，橘子多核而味甘。湘江鱼虾极富，鱼店及鱼摊售卖大小鱼类多种，往往是活的。我们用饭时，几乎每餐多有鲜鱼。

长沙的人力车夫，拉车时一步一步的踯躅而行。不慌不忙的走去，我们有时替他耽忧，恐他永久不能到达目的地。慢行的车夫，于交通虽不利，于健康的维持却毫无问题了。

长沙有许多街名，饶有诗意，不知是何人命名的？例如菜根香，又一村，百花深处，平地一声雷是。名雅而实不符，因市上马路甚少，街道大致狭隘，且多污秽。虽与民国十四年余初次到长沙时相比，有些街道业已加宽，但一般说来，尚欠平坦。普通的街道用石板砌成。每石长约四尺宽二尺，用来横铺，这些是较好的街，如八角亭一带。冷静处与僻巷，或用碎石铺路，或是泥路。

本地人说，冬天雨少，因为不是雨季。但我们所得的印像是：三日到有两日雨。温度并非太低，不过因有高度的湿气，便人感觉寒冷刺骨。余卧室中用炭缸一，缸用窑泥做成，圆径二尺，深三尺，缸的外周以蓝色油涂之，缸底先垫稻草灰，上烧木炭。热度颇高，但炭养二往往可以充满室内，如不开窗，容易使人窒息。友人中有因此患头痛或呕吐者。居民在雨天，常在室中，少外出，少见阳光，对于身体的发育，难免受着不良的影响。

出长沙城渡湘江可至岳麓山，湖南大学所在地，校址与旧岳麓书院相近。过小山二，到清华农业研究所，所址三面环山，一面是湘江，江离所约有三里。四屋已成，惜皆在山脚，不透风。疑在盛夏时，因水风吹不到，气候又潮湿，决难居住。

岳麓山古迹，前人已有记述，兹不赘。有一事因与近年我国社会运动有关，略述于下：当共产党逼近长沙时，驻军在山旁布置战垒与岗位，其余迹的一部，今尚可见。

过长沙浏阳门时，心中有所感触：民国十一年长沙华实公司工人罢工，领袖黄爱，庞人铨被斩于浏阳门外。此次罢工，为我国工人们有组织的开端，目前国内工人纪念五一节时，有许多工会往往追述黄庞的惨事。

长沙的农夫和工人，甚少看见穿破衣服者，假如拿此来做区别贫富的标准之一，我们似乎可以说，湖南是比较富庶的省份。

前线战事仿佛于我国不利，伤兵到长沙者渐多。一日在湘雅医院后首坟地边遇一两手受伤之兵求余援助，余取钱袋中所有的毫洋尽与之。伤兵似尚嫌不够，自言自语以去。

张治中主席一日到大学演讲云："我个人有守土之责，坚决的要维持长沙。假如有人感觉生命危险，要想找一条安全之路，我将对他说：'最安全之路莫如跳入湘江！'"

警报常有，但因长沙时常阴雨，敌机未来。每遇警报，教师与学生避于圣经学校地下室。平人心骚乱，特别是雨天，一人困守卧室中，百无聊赖。有时忧现局，有时思家。一日余接北转来一电报（由美领事署转来），说内人盼望于余到长沙后拍电回家。实际余到汉口时已电北平，此电发出后一月又六日，家人尚未接电，后知此电业已遗失。

余自青岛托旅行社运行李六件至长沙，已六星期尚未到，遂亲到汉口去查。是时火车不分等级，亦无饭车，车上并无茶房，旅客尽作三等客，余在长沙上车后，经二十七小时才到汉口。

前线逃出的难民，述敌人残暴有足记者：（1）无锡有日兵一名到某米店买米五斗，付日币一枚。店伙以示经理知为日币五分。经理往告日司令部。日军官曰："破坏皇军名誉，打军棍二十下。"（2）南京有母女二人，逃入乡村，不得食已一日。女十四岁，在路旁采菜，日兵三人遇见，拥之以去。母跪求，被刺死。

（已）由长沙到昆明

学校当局觉得长沙不稳，决定迁昆明，与铁路局商包专车。余坐粤汉路通车以后第一次的二等专车，同行有眷属者约有十家及单身者三十人，余等四人同房，内有马约翰先生，王化成先生。一月二十七日离长沙。粤汉路新通车，自长沙至广州，约须四十小时。三等车亦有卧车，价廉而相当安适，二等车的设备胜于津浦路的蓝钢车，风景最佳处在湖南与广东边界，沿砰石乐山的一段约一百公里，此处火车沿山及河而行。无高山，但山上俱有树，河水青绿，并弯曲，火车行时，车上的人看不到前面是河还是平地。砰石相传为太平天国石达开扎营之处，离站近处，有小山，地势崎岖。余等入内游玩，心境甚乐。

抵广州站，方值警报，匆忙中往爱群酒店。举首四望，见有许多高楼，多以篾篷围之。篾篷置于房的最高层，是否借此避轰炸？殊难索解。多处有高射炮，敌机飞过市空时，可闻炮声，有时可见火光。一日内常有警报几次，居民已渐惯常，警报解除后，商店照常营业。时值旧历年节，某夜，余等经过旧十三行街。余买得送灶用神及花纸，插于呢帽上，带帽行街中，环观者甚众。有些少年跟我走。一本地人用广州语曰："此人莫非疯了罢！"

友人杨润玉和我同乘汽车往岭南大学，驱车过珠江桥。余上次到广州时，此桥尚未完成。惜岭南二友俱已迁往香港，不遇而归。余因《南洋华侨与闽粤社会》书中，关于食品名称尚须有补充的材料，故往访之。第二日又游中山大学新校址。校内已无教师及学生，因校舍近飞机场，敌机已来炸四次，但校舍未受重大损失。

广州人心虽现不安，但商业与金融尚照常。国币一元，兑换毫洋一元四角四分（钞银）。余到香港后住六国饭店，等汉口寄来的护照，才能买船票至海防。香港各事如平常，惟有人满之患，旅馆房价约高三分之一。港币一元可换国币一元零六分。西贡纸一元可换国币一元零三分。

余将书箱三件，寄存香港大学许地山兄处，在港第七日购得法国轮广东号二等船票一张，同行者约十余人。蒋梦麟先生因旅馆伙计误将行李送到太古轮广东号，到船开时，尚无行李。船将开时水上警察来查行李，其目的是查鸦片或军器。旅客为贪方便，有时给予酒钱免验。这些酒钱视同贿赂，华人与英人分润。查毕，英籍警察照例来问旅客："各事如意，没有人生气吗？"余对自己云："可惜没有人掏腰包，因我们的行李，可以尽量的让你们查验呢！"

广东轮甚小，过琼州海峡时风浪颇大，茶房多呕吐，约翰先生亦吐。在二等舱的朋友，只有徐锡良兄与余饮食如常。到海防时，法国海关职员，因我们是大学教师，对于检查行李很轻松的放过。天然客栈的跑外说："坐在人力车上，要把帽子拿在手里，防土人来抢走呵！"海防是一个海口，生意很清淡，客亦不多。广州人在此地经商者较多，连土人亦会说几句广州语。

滇越铁路称为世界名胜铁路之一，法属部分长四百公里，云南部分长四百六十五公里。风景在自河口至开远中间。自河口往北，地势渐高，山岭层叠。自河口至昆明共有山洞二五七个，共长一五英里。全线工程始于一九〇〇年，一〇年后才完成。云南因有高原与平原，气候不一，各种果木与花草俱易滋生，据说欧洲全洲的树果与花草，云南都有。河口海拔约二〇〇米突，昆明则为一八九六米突，铁路所经的区域，从前可说是不毛之地，目前尚属人烟稀少。有些地方分明是夷人的居处，这由车站的定名，可以看出来的，例如腊哈底，糯珠，獭迷珠等。

滇越车上所见的汉文告示，足以代表三十年前洋式的中文。当时的政府学校及商号，大致以重价物色通洋文的人才。识洋文者，亦仅恃粗通洋文，即能谋事，不必研究中文，因此一般的译文（西译中或中译西），非特文字欠清顺，有时连意义都十分难懂。滇越客车中的汉文告示，是法文的译文，有些文句不似汉文，摘录如下：

通告赶车客人，所有禁止各条如下：（一）没有客票禁止上车，又禁止坐车高于票上所定等级，不能躐等。又他人业已指定之座位亦禁止争坐。（二）禁止由他处上车或下车，除非由办公执事人上下之一面方可。（三）禁止过由此车到彼车内，除非由一定的过道。禁止坐在上车之脚梯凳上，及脚伸出车子外头。禁止坐在不准客人坐之位，并禁止在所有格外用处之车格内坐。（四）禁止上车或下车，如车未曾停止。（五）禁止饮酒已醉之人赶车。（六）禁止在车上呼吸鸦片烟。（七）禁止上车若携带装有码子之军火枪械。（八）禁止抛掷在铁路上玻璃瓶子及各样能阻碍铁路上行走公司人之物件均禁止抛掷。

凡客人坐车若公司人员询问必须呈票与查验。又凡关系客车并车站安妥及巡警之事客人等应当以公司人员之命令为遵从（滇越铁路法国公司告白）。

选自《浪迹十年》，陈达著，商务印书馆一九四六年十月版

// 战后之大学教育

佚　名

七七事变后中国大学及中等教育所遭受的损失是不可以数字计的。战前中国共有大学及专门学校一百十四所，中等学校一千八百九十二所。据最近的统计，一百十四所大学校及专门学校中已有五十四所因战事而停办了。自国军退出诸主要城市后，中国的大学，除停办外，只有两条路可走：一条是迁到内地去，一条便是避难到上海的租界或是香港。在所有大学中只有教会大学的燕京，辅仁和协和至今还在日人占领的北平城中上课，而全国大学中尚未遭受战时影响的大学，就只有重庆大学，四川大学，云南大学和华西协和大学四校。

迁往内地的大学，现在分布于五大城市中，即重庆，成都，昆明，汉中及贵阳。教育部主办之二大联合大学中，包含北京师大、北平大学及北洋大学之西北联大，现已自长沙迁到汉中，最近部令改称西北大学而由胡庶华任校长。西南联合大学，便由长沙迁至昆明，这大学包含过去的北京大学，清华大学和南开大学，有学生一千六百人。在昆明的大学除西南联大外，尚有同济大学，国立中山大学，华中大学等。而原是省立的云南大学，现在也已改为国立，学生由二百人增至六百人。

在成都，除了有二千人的国立四川大学，有五七三人的华西协和大学，有三百人的光华大学外，假华西协和校舍上课的还有五个大学，就是金陵大学，金陵女大，齐鲁大学，东吴大学生物院和中大医学院。成都大学生的总数是三千六百人。重庆沙坪坝是南京中央大学的新址，共有学生二千七百人，有学生五百人的重庆大学也在那里。而离重庆不远的嘉定是武汉大学之所在地。

贵阳有三所医学院和一所从上海迁去的大学。医学院中包含最新组织之国立贵阳医专、湖南雅礼大学医学院及江苏省立医学院。从上海迁去的大夏大学，现有学生五百人。

除了上述的五大教育区以外，目前学校最多的地方，要算上海的两特区了。不但原在上海四郊的大学，都迁到租界内上课，好像暨南大学，光华大学，复旦大学，大夏大学，大同大学，持志学院，沪江大学，约翰大学等，在苏州的东吴大学，在杭州的之江大学，也和沪江约翰同租南京路的慈淑大楼合并上课，四校总计入学学生共二千九百人。而原在广州的岭南大学，现假香港大学校舍上课。

国民政府和各大学当局在抗战二年间，克服了日机轰炸，战事绵延的种种困难，把最高学府分别的迁到各安全地带照常上课；日军破坏了五十四所大学和专门学校，使中国在文化教育上的损失几达两万一千七百万元之巨，中国的大学教育，依然和中国的军事国防一样的固若金炀，这不得不叹为一种奇迹。而学校因战事关系数度迁延，教员学生还跟了长途奔波，像一九三八年春长沙临时大学为战事所迫迁往昆明时，有三百个教员学生，组织了步行队，在六十八天中从长沙走到昆明，这种富有红军长征精神之伟举，在国外舆论界是视作中国新生之象征的。

国外的人对于中国在此抗战期间，依然努力维持大学教育，一方面是钦佩，一方面是惊异。因为在外国，国家遭遇了这样困难，也许早已把所有的学生都送到军队里去了。但是中国的见解却不同，在四万万全人口中，战前大学生的总数，不过四万人至四万五千人，目前的数字，恐怕还不到三万人。这极少数人是将来建设新中国的中心，中国已有足够的人力可以补充军队的缺额，这些学生在政治工作上所能贡献于国家的当十倍于前线的士兵，将来抗战胜利后所需这批大学生在建国工作方面者更大，所以中国教育部长陈立夫说："中国的大学，必得保持他原来的面目，不管有战事或没有战事，课务是必得继续的。"

选自《良友画报》一九三九年第一四五期